ailede ve okulda çocuk eğitimi

HALİT ERTUĞRUL

ailede ve okulda çocuk eğitimi

HALİT ERTUĞRUL

Yayın Yönetmeni:
Selahattin Arslan
Editör:
Cemil Tokpınar
Mizanpaj:
Nesil Yayınları
Kapak:
Mesut Sarı
Üretim:
Ali Osman Macit
ISBN: 975-8499-07-6
Baskı:
Mayıs 2005
Baskı-Cilt:
Nesil Matbaacılık
Sanayi Cd. Bilge Sk. No: 2
34196 Yenibosna / İstanbul
Tel: (0212) 551 32 25 pbx

NESİL YAYINLARI
Sanayi Cd. Bilge Sk. No: 2 Yenibosna
34196 Bahçelievler / İstanbul
Tel: (0212) 551 32 25 pbx
Faks: (0212) 551 26 59

İnternet: www.nesilyayinlari.com
e-posta: nesil@nesilyayinlari.com

NESİL

ailede ve okulda çocuk eğitimi

HALİT ERTUĞRUL

NESİL

Eğitimci-yazar Halit Ertuğrul, 1956 yılında Adıyaman'ın Besni ilçesinin Şambayat Nahiyesinde dünyaya geldi. İlkokulu doğduğu yerde, Ortaokul ve Öğretmenokulu'nu da Kırşehir'de okudu. Daha sonra Niğde Eğitim Enstitüsü ve Gazi Eğitim Fakültesi, Eğitim Bilimleri Bölümü, Eğitim Yönetimi ve Denetimi Anabilim Dalı'ndan mezun oldu.

Cumhuriyet Üniversitesi, Kamu Yönetimi, Yönetim Bilimleri Bölümü'nde YÜKSEK LİSANS; Sakarya Üniversitesi, Sosyoloji Bölümü'nde de DOKTORA çalışmalarını tamamladı. Yurdun çeşitli yerlerinde ilkokul öğretmenliği, okul müdürlüğü, Millî Eğitim Şube Müdürlüğü ve Millî Eğitim Müdürlüğü görevlerinde bulundu. Millî Eğitim Bakanlığı merkez teşkilâtına geçerek, Kurul Uzmanı ve Bakan Danışmanı olarak çalıştı.

Akademik çalışmalarını tamamlayan Halit Ertuğrul, çeşitli üniversitelerde yöneticilik ve öğretim üyeliği yaptı.

Meslek hayatı boyunca, eğitim ve kültür alanında elliye yakın kitapları ve çok sayıda da makale ve yazıları yayınlandı. Kitapları çok sayıda ödül aldı ve çeşitli dillere çevrildi. Ayrıca, kitaplarının bazıları da, Milli Eğitim Bakanlığı ve Emniyet Genel Müdürlüğü tarafından tavsiye edildi.

Yayınlanan kitaplarından Kendini Arayan Adam, Düzceli Mehmet, Aysel, Selim ve Hande, Canan gibi eserleri baskı rekorları kırdı.

Okuyucularıyla çok yakın bir iletişim içinde olan Halit Ertuğrul, hergün onlarca mektup, telefon, email ve mesaj almaktadır.

Halit Ertuğrul evli ve iki çocuk babasıdır.

HALİT ERTUĞRUL

www.halitertugrul.com • e-mail:halit1956@ttnet.net.tr

YAYINLANMIŞ ESERLERİ

- Kendini Arayan Adam
- Kendimi Buldum
- Düzceli Mehmet
- Aysel
- Aşk Böyle Yaşanır
- Yeni Bir Hayat
- Dünyayı Ağlatanlar
- Uçurumdan Dönüş
- Gençlik Mektupları
- Adım Adım Evlilik
- Ailede ve Okulda Çocuk Eğitimi
- Kültürümüzü Etkileyen Okullar
- Dünyama Bahar Geldi
- Eğitimde Bediüzzaman Modeli
- Kendimizi Nasıl Yetiştirelim
- Öğrencinin Başarı Klavuzu
- Öğretmenin Başarı Klavuzu
- Siz Kimsiniz?
- Çocuğumu Bana Verin
- Selim ve Hande
- Kitap Okumada Yeni Teknikler
- Canan
- Bilimsel Çalışmada Yeni Teknikler
- Emre
- Okuyuculardan İbretli Mektuplar
- Günümüzden Hizmet Öyküleri
- Öğretmenlerden Hizmet Öyküleri
- Kendini Arayan Kadın
- Gizemli Davet
- Aradığını Bulan Kadın
- Üniversite Sınavını Nasıl Kazandım?

İÇİNDEKİLER

ÖNSÖZ

"Ailede ve Okulda Çocuk Eğitimi" isimli bu çalışma, hem bir baba, hem de bir eğitimci olarak, yirmi yıllık bir tecrübenin ürünüdür.

Dünyanın küçüldüğü, bilimin, teknolojinin hızla arttığı, çocukların ilgisini dağıtan çok olumsuz unsurların çoğaldığı günümüzde; çocuk yetiştirmek ve eğitmek, hem zor, hem de önemli bir hâle gelmiştir.

İşte böyle bir kitap yazmadaki temel amacım da; son derece yetersiz ve eksik bilgilerle yapılan ÇOCUK EĞİTİMİ'ne dikkat çekmektir.

Çocuk eğitimi konusunda anne ve babaların yetersiz oluşları, okul ile aile bağının kopukluğu, çocuğun olumsuz bir çevrede yaşaması, çocuk eğitiminin önündeki en önemli engellerdir.

İlkokul öğretmenliğinden üniversite öğretim üyeliğine kadar, eğitim ve öğretim hizmetlerinin içinde bulunma şansı elde etmiş bir eğitimci olarak, günümüzün en önemli problemi durumundaki çocuk eğitimi konusunda, kendimi sorumlu hissettim.

Bu amaçla, bilgi, araştırma, birikim ve tecrübelerimi, bir baba olarak, anne ve babalarla; bir eğitimci olarak da öğretmenlerle paylaşmak istedim.

Çocuk eğitimi konusunda, piyasada bulunan eserlerden farklı bir üslûp ve bakış açısıyla ele alınan bu çalışma, gerek anne ve babalara ve gerekse de öğretmenlere hazır bir doküman niteliğindedir.

Çocuk eğitimiyle ilgili olarak, bilinmesi ve uygulanması gereken kısa, öz ve pratik değeri olan bilgilerin bir araya getirildiği bu kitabın faydalı olacağına inanıyorum.

Kitabın oluşmasında görüş ve destekleri için sayın Mehmet PAKSU ve sayın Cemil TOKPINAR beye, hazırlık safhasındaki katkıları için öğrencim Muzaffer EMARE'ye teşekkür ediyorum.

Saygılarımla...

Yrd. Doç. Dr. Hâlit ERTUĞRUL

GİRİŞ

Yapılan araştırmalar, huzurlu ve mutlu aile ortamında yetişen çocukların, okul ortamında daha başarılı olduklarını göstermiştir. Çocuğun okul başarısının temel nedeni, aile içi eğitiminin sağlıklı olmasıdır.

Çocukların hapis olduğu apartman hayatı, daralan cadde ve sokaklar, kalabalıklaşan şehirler, azalan yeşil alanlar ve çocuğun üzerinde oluşan baskı ve stres, sağlıklı yetişmesini engellemektedir.

Eğitimdeki en büyük görev, hiç şüphesiz, anne babaya düşmektedir. Eğer anne baba bu hususta hazırlıklı ise, üzerlerine düşeni hakkıyla yapacaklar ve ciddi bir problem yaşayacaklardır. Eğer çocuk eğitimi konusunda bilgisiz, deneyimsiz ve hazırlıksız iseler, hem kendileri, hem de çocuğun geleceği açısından büyük sıkıntılarla karşılaşacaklardır. Çünkü; günümüzde milletler ve devletler, medeniyet ve hakimiyet yarışı içindedir. Bu yarışta kullandıkları en etkili araç, eğitimdir. Yarının ilim ve fikir adamları, sanatkârları, idarecileri, iş adamları hep bugünün çocuklarından çıkacaktır. Eğer bugün tembel, rüşvetçi, sarhoş, hırsız ve hain insanlar varsa bunlar dünkü çocukların ihmal edilişindendir. Kısaca çocuklar, bir milletin geleceğinin güvencesidir. Onlara ne verilirse onun karşılığı da görülecektir.

Anne babalar yalnızca yetiştikleri ortamda gördükleriyle, çocuklarına iyi bir eğitim veremezler. Bu hususta, okumaya, araştırmaya ve dikkatli olmaya mecburdurlar.

"Ailede ve Okulda Çocuk Eğitimi" isimli bu kitapta, daha çok çocuğun aile içi eğitimine yönelik konulara ağırlık verdik. Çünkü okul başarısını hazırlayan temel etken, aile içi eğitiminin nitelikli ve sağlıklı olmasıdır.

Bu kitap, çocukların gelişim dönemlerini göstermekte ve onlara karşı nasıl bir davranış sergileyip, nasıl bir eğitim sunmamız gerektiğini anlatmaktadır. Ayrıca, anne ve babalar ile öğretmenlerin karşılaştığı problemlere pratik çözümler sunmaktadır.

Günümüzde anne ve babanın sorumluluğu daha da artmıştır. Artık anne baba çocuk eğitimi konusunda bilgili, bilinçli ve dikkatli olmak zorundadır. Eğitimin bilimsel metotlarla yapıldığı bir zamanda, başka türlü çocuk eğitimini yürütmek mümkün değildir.

Çocuk Eğitiminde Başarının Neresindesiniz?

Kendinizi test etmeye hazır mısınız?

Çocuğu olan bir anne babasınız. Veya, bir aile içinde büyüyen anne ve baba adayısınız. Bir şekilde çocuğun eğitimine katkıda bulunuyorsunuz. Peki, çocuk eğitimine yaptığınız katkı, ne kadar bilimsel, faydalı ve etkili?

Çocuk yetiştirmede, istediğiniz sonucu alıyor musunuz? Acaba bu konuda ne kadar yeterlisiniz? Hatayı yapan hep çocuk mu? Yoksa siz de önemli hatalar yapıyor musunuz?

Bunu bilmek isterseniz, aşağıdaki sorulara cevaplar veriniz. Bu şekilde hem kendinizi test etmiş olursunuz, hem de eksiklerinizi ve doğrularınızı görme şansı elde edersiniz.

Eminiz ki, aşağıdaki soruları okuyup, cevaplandırdıktan sonra bu kitabı daha bir istek ve özenle okuyacaksınız.

Şimdi sorularla, **Çocuk Eğitiminde BAŞARININ NERESİNDE** olduğunuzu görün.

1) Düzenli ve dengeli bir kişiliğiniz var mı?

2) Aile hayatınız sağlıklı işliyor mu?

3) Çocuk eğitimi konusunda yeterli bilgi ve birikime sahip misiniz?

4) Çocuk eğitiminin sorumluluğuna hazır mısınız?

5) Çocuk gelişimi, çocuğun psikolojik ve sosyolojik yönü hakkında yeterli bilgi ve birikimi elde ettiniz mi?

6) Çocuğunuzu iyi tanımak için, davranışları ve tepkileri konusunda gerekli gözlemi yapıp, notlar tutuyor musunuz?

7) Çocuğunuzun karakter gelişimini etkileyecek olan, olumlu davranışlara sahip misiniz?

8) Çocuğunuzun sağlıklı gelişimi için, belirli bir takviminiz ve takibiniz var mı?

9) Evinizde herhangi bir olumsuz davranış ve bir kavga olmaması için, özel bir gayret gösteriyor musunuz?

10) Çocuğunuza, plânlı ve bilinçli bir zaman ayırıyor musunuz?

11) Çocuğunuza zaman kavramı, plânlı çalışma ve başarılı olmanın önemiyle ilgili, bir çalışmanız oluyor mu?

12) Maddeyi kullanma ve moral değerleri anlama konusunda yaptığınız çalışmalar yeterli mi?

13) Çocuğunuzun, dinî eğitimiyle ne kadar ilgileniyorsunuz?

14) Evinizde anlayış, sabır ve hoşgörü kavramlarını ne derece ön plâna çıkarıyorsunuz?

15) Çocuğunuza, hak, doğruluk, adalet, insan sevgisi ve faydalı olma anlayışı gibi bir takım sosyal, dinî ve millî değerler kazandırmak için, yaptığınız bir çalışmanız var mı? Bu sizce yeterli mi?

16) Çocuğunuza arkadaşlık, dostluk, akrabalık, büyüklere saygı ve küçüklere sevgi anlamında, yeterli değerler kazandırıyor musunuz?

17) Çocuğunuzun kendisini ifade etmesine ve kendini göstermesine imkân hazırlıyor musunuz?

18) Çocuğunuz başarılı olduğu zaman, ödüllendirme yapıyor musunuz?

19) Çocuğunuz, hata yaptığında onu anlayışla karşılamak ve ona ceza vermemek için, özel bir sabır gösteriyor musunuz?

20) Çocuğunuz, kendi işini kendisi görmesi, bazen de size yardımcı olup, kişiliğini geliştirmesi için özel bir gayretiniz oluyor mu?

21) Çocuğunuzun hayatına girip, onun isteklerini ve düşüncesini okumak ve onu olumlu bir yöne kanalize etmek için, onunla dostluk ve arkadaşlık kurmak yolunda bir çaba gösteriyor musunuz?

22) Çocuğunuzun, okul başarısızlığının, bazı problemlerinin ve korkularının yenilmesinde, öğretmeni ve alanın uzmanı diğer kişilerle diyalog içine giriyor musunuz?

23) Ne tür arkadaşlarla ve nasıl bir çevreyle ilişki içinde olduğunu tespit etmek için, çocuğunuza hissettirmeden, kendinize özgü bir gözlem ve denetiminiz var mı?

24) Çocuğunuzun oyun ve oyuncaklarla ilgili uğraşılarını, bilinçli ve plânlı olarak eğitime yönlendiriyor musunuz?

25) Çocuklarınızı zararlı alışkanlıklardan korumak için, özel bir önlem alıyor musunuz?

26) Çocuğunuz etkilenmemesi açısından, kendinizde var olan bazı zararlı ve olumsuz davranışlarınızdan vazgeçiyor musunuz?

27) Çalışan anneyseniz, çocuğunuzun annelik özlemini gidermek için, yaptığınız çalışmalar yeterli mi?

28) Çalışmaya gittiğinizde, çocuğunuzu bıraktığınız kişiler ve mekânlar, sizce olumlu ve yeterli mi?

29) Anne sütünün önemini kavrayarak, ona yeterince süt vermek için, gerekeni yapıyor musunuz?

30) Boşanmış ailelerseniz, çocuğunuzun bu durumdan en az etkilenmesi için, yeterli bir önlem alıyor musunuz?

31) Çocuk eğitiminde ortaya koyduğunuz çalışma sizin içinize siniyor mu ve bunun için vicdânen rahat mısınız?

32) **"Bunu yetiştiremedim, öbür çocuğumu daha iyi yetiştireceğim"** diyor musunuz?

33) Çocuk eğitiminde eksik olduğunuzu hissederek, yeterli bir duruma gelmek için ciddi bir çaba harcıyor musunuz?

Bu sorulara cevap vererek, çocuk eğitimi konusunda BAŞARININ NERESİNDE olduğunuzu kolayca anlayabilirsiniz.

Sorulara verdiğiniz cevaplar sonunda, çocuk eğitimi konusunda yetersiz olduğunuz anlaşıldıysa, Ailede ve Okulda Çocuk Eğitimi'ni titizlikle okuyun. Kitabı okuyup bitirdikten sonra, eksikliklerinizin büyük ölçüde tamamlanmış olduğunu göreceksiniz.

Çocuk Eğitiminde Aile Düzeninin Önemi

Çocuk, en etkili ve en kalıcı eğitimini aile ortamında alır. Uyumlu ve düzenli bir aile, iyi eğitim veren bir okul gibidir.

Prof. Dr. Orhan TÜRKDOĞAN

A- Aile Nedir?

Aile, nüfusu yenileme, millî kültürü taşıma, terbiye kazandırma, çocukları sosyalleştirme, ekonomik, biyolojik ve psikolojik faaliyetlerinin yerine getirildiği bir kurumdur. (Erkal, 1987: 76)

Aile, tarihin her döneminde toplumun vazgeçilmez temel müesseselerinden birisi olmuştur. Bu müessese, insanlığın tanıdığı bütün dinler ve bütün felsefî görüşlerce de, kutsal sayılmıştır. Onun önemi ve kutsallığı, toplum hayatında düzeni, disiplini, huzur ve devamlılığı sağlamasından gelmektedir. (Ağca, 1993: 12)

Aile, toplumun ana direği ve sosyal hayatın başladığı yerdir. Çocuk düşünmeyi, davranışı, uyumlu ilişkileri ilk olarak ailesinde öğrenir.

Aile, içice ilişkilerin en sık ve kuvvetli olarak yaşadığı bir kurumdur. Hiçbir sosyal topluluğun fertleri arasındaki ilişkiler, aile fertlerindeki kadar içten ve samimî olamaz.

Çocuk bütün kültür normlarını, eğitim ilkelerini ve karakter özelliklerini ailede öğrenir. Millî terbiyenin özünü buradan ve sosyalleşmenin ilk adımlarını buradan atar. (Erez, 1997: 56) Bu nedenle, Türk İslam anlayışında ailenin çok kutsal bir yeri vardır.

Aile üyelerinin, birbirleriyle olan kan bağı, aynı mekânda yaşama, aynı değerleri benimseme, aynı mutluluk ve sıkıntıları paylaşma gibi biyolojik, sosyal ve psikolojik ortak yönleri, onların kendi içindeki insanî duyguları doğurur ve geliştirerek pekiştirir. Bu gelişmenin istenilen seviyede sağlanmasının tek şartı, aile üyelerinin birbirlerine karşı eğitim sorumluluğunu üstlenmeleridir.

Ailenin çeşitli sebeplerle zayıfladığı durumlarda gerek aile içinde gerekse de toplumda kargaşa ve huzursuzluk baş göstermektedir. Aile sağlıklı ve düzenli ise, hem çocuk eğitimi etkili ve olumlu yürür, hem de toplumda düzelmeler gözlenir. Eğer ailede sıkıntılar ve erozyonlar başlamışsa, bu hem çocuğa, hem de topluma yansır.

B- Çocuk Eğitiminde Ailenin Önemi

Çocuk eğitiminde ailenin önemi asla tartışılamaz. Gün geçtikçe, aile içi eğitimin önemi ve değeri daha iyi anlaşılmaktadır.

Ailenin birçok yararları yanında, "eğitme" yönü de son yıllarda daha fazla ön plâna çıkmaya başlamıştır.

Dengeleri iyi kurmuş, düzenli, huzurlu ve sağlıklı iletişim ortamı olan bir aile, çocukların eğitimi ve gelişimi için benzeri bulunmaz bir okuldur.

Ailede iç ve dış ilişkiler normal ve uyumlu ise çocuk için mükemmel bir eğitim ortamıdır. Bazı aileler, eğiticilik fonksiyonunu iç ve dış sebeplere bağlı olarak, yeterince yerine getirememektedir. İç sebeplerden en önemlileri, aile içi uyumsuzluk ve iletişim eksikliğidir. (Elmacıoğlu, 1998: 24)

Topluma ait kıymet hükümleri, hayat görüşleri, örfler ve ler ancak ailenin aracılığıyla ferde intikal edebilir. Toplumda hakim bulunan "doğru" ve "yanlış", "iyi" ve "kötü" telâkkileri de aile süzgecinden geçerek ferdin idrakine ulaşabilir. Böylece aile, çocuğun eğitiminde ilk ve en mühim fonksiyonları îfâ etmektedir. (Bilgiseven, 1982: 24)

Çocuk karakterinin ana temelleri, 0-3 yaş devresinde oluşmaya başlar. Aileler bu devrede çocuklarına çok dikkat etmek zorundadırlar. Ayrıca çocuğun aileye en fazla bağımlı olduğu zaman bu dönemdir. Çocuklar bu yaş grubunda kendilerini saran sosyal atmosferi kavramaya başlarlar. Bundan dolayı aile büyükleri, davranışlarına dikkat etmeli, bütün davranışlarının çocuklar tarafından izleneceğini unutmamalıdır.

Çocuklar sürekli olarak bakıma ve korunmaya muhtaçtır. Çocukta sağlıklı bir beden ve ruh yapısının oluşabilmesi için, ailesi tarafından iyi bir eğitim ve beslenme programı uygulanması gerekir.

Aile ocağında, toplum kültürünün çeşitli unsur ve şekilleri işlenerek çocuklar aşılanır. Bu şekilde aile ocağında sosyalleşmeye başlayan çocuk, toplumda kültürün en küçük taşıyıcısı olur.

Aile hayatı bir düzen içerisinde yürütülmelidir. Aile fertleri, çeşitli rol ve statüleri gereği bu düzenin bir unsuru durumundadır. Bütün ailelerde, statü ve rollerden kurulu, hiyerarşik bir düzen vardır. Bu hiyerarşik düzen çocuğun kuralları öğrenip, benimsemesine yardımcı olur. Çocuk, bu şekilde topluma daha kolay uyum sağlayabilmekte ve iyi vatandaşlık eğitimini de ailede kazanmaktadır.

Okuldaki eğitim faaliyeti içerisinde yer alan sosyalleştirme ve vatandaşlık eğitimi, aile içi eğitimin bir tamamlayıcısı ve devamı niteliğindedir. Onun için aile ve okulun, eğitim faaliyetlerince sağlıklı bir koordinasyona girerek, işbirliğini en üst seviyeye ye çıkarmaları gerekmektedir. (Elmacıoğlu, 1998: 26)

Aile ortamı, çocuklar için koruyucu bir özelliğe sahiptir. Çocuk için aile kadar koruyucu ve fedakârlık gösteren bir başka kurum bulmak mümkün değildir. Ailede daha çok koruyucu ve fedakar olan annedir. Dünyanın en içten ve en samimî eğitimcileri olan anneler, bazı tedbir ve teşviklerle çocuklarına ve dolayısıyla topluma daha yararlı olabilirler. Çünkü çocuğun en etkili öğretmeni, annesidir. (Nursî, 1976: 189)

Anne ve babanın çocuklarına karşı sevgi ve hoşgörünün dozunu çok iyi ayarlamaları lâzımdır. Bu dozaj iyi ayarlanmazsa, çocuk şımarık ve istismarcı bir kişilik geliştirebilir. Anne babanın çocukta dengeli bir şahsiyet oluşturabilmesi için, duygu ile mantık arasında iyi bir denge kurarak davranmaları gerekmektedir.

Ev içerisinde çocuğa yapabileceği bazı küçük görevler vererek onda sorumluluk duygusu meydana getirmeye çalışılmalıdır. Aile içinde çocukların da görev ve sorumlulukları olması gerekir. Anne babaya yardım etmek, aileye bazı küçük katkılarda bulunmak, çocukların duygu ve irade gelişimi için çok faydalıdır.

Çalışmak ve iş yapmak eylemi, çocukta bazı psiko-sosyal motiflerin gelişmesine de yardımcı olmaktadır. Bunlar güven duygusu kazanma, mücadele gücü, kendi ferdiyetini idrak etme, sorumluluk duygusu kazanma, yaşayarak öğrenme gibi motiflerdir.

Okula hazırlık olsun diye çocuğa bazı basit bilgiler verilebilir. Fakat okuma ve yazma gibi tamamen okula ait olması gereken bilgiler için çocuk zorlanmamalıdır. Bazı bilgileri zamanı gelmeden öğretmeye çalışmak hatalıdır. Zaman olarak zihnî gelişme ve olgunlaşmanın bir seyri vardır. Verilen bilgiler, bu gelişmeye ve zamana uygun olarak yürütülmelidir

Çocukların şahsiyetlerinin ana unsurları, ailede teşekkül eder. Çocuklar, konuşmayı ve beslenmeyi yine aile içinde öğrenirler. Kısaca, aile çocuğun eğitimi ve geliştirilmesi için çok iyi değerlendirilmesi gereken, bütün unsur ve şartlara sahip tabiî bir ortamdır. (Elmacıoğlu, 1998: 27)

Son yıllarda yapılan araştırmalar, davranış bozukluğu gösteren çocukların, mutsuz ve uyumsuz aile ortamında yetiştiklerini göstermektedir. Öyleyse, iyi bir çocuk eğitimi için, düzenli ve uyumlu ailelerin varlığı şarttır.

Çocuk Eğitiminde Anne Baba Yaklaşımları Nasıldır?

Çocuk, anne baba elinde bir emanettir. Mum gibi her şekli alabilir. İyi tohum ekilirse din ve dünya saadetine kavuşur.

İmam-ı GAZALÎ

Siz hangi yaklaşımı sergilemektesiniz?

Aileler, çocuk yetiştirmede nasıl bir yaklaşım içinde olduklarının farkında olmalıdırlar. Çocuğun davranışlarına bakıp, nasıl bir yaklaşım sergilediklerini kolayca anlayabilirler. Çünkü, çocuğun davranışları büyük ölçüde ailenin tutumlarını ve yaklaşımlarını göstermektedir. Bunun için aileler, çocuklarının tutumlarına bakarak, çocuk yetiştirmede ne kadar başarılı veya başarısız olduklarını görmelidirler.

Çocuğun kendi kendini yöneten, yüksek benlik saygısına sahip, doyumlu bir birey olarak gelişmesi, büyük ölçüde ona sağlanan fırsatlara ve anne babanın yaklaşımına bağlıdır. Bunun için ana babanın, çocuklarından bekledikleri davranış modeline uygun bir davranış içinde olmaları gerekmektedir. Uyumlu ve rahat bir aile ortamı içinde, tutarlı ve sağlıklı ilişkiler içinde yetişen çocuk, yetişkin yaşında da problemsiz bir çocuk olur. Bilinmelidir ki, ürün her zaman ekilen tohumla ve beraberinde hazırlanan yakın çevre şartlarıyla doğru orantılı olarak gelişir. şir. Bu nedenle ana babanın tutumu, gelişmekte olan bu çocuğa model oluşturacağından kişiliğini ve davranışlarını etkiler. Anne baba kendi tutum ve davranışlarını değerlendirmeden, çocuğun davranışlarını değerlendirmeye kalkarsa, hata eder.

Çocuk eğitiminde ailelerin farklı yaklaşımları ve takip ettikleri değişik metotları vardır. Bunları genel anlamda şöyle sıralamak mümkündür:

A- Otoriter Aile Yaklaşımları

"Aşırı baskılı" otoriter tutum, çocuğun kendine olan güvenini ortadan kaldıran, onun kişiliğini hiçe sayan bir tutumdur. Ne yazık ki geleneksel aile yapımızda bu tür tutuma sık sık rastlanmaktadır. Bu tutumda, ana baba katı bir disiplin uygular. Çocuk, her kurala uymak zorunda bırakılır. Anne ve babadan birisi, ya da her ikisinin baskısı altında olan çocuk, sessiz, uslu, nazik, dürüst ve dikkatli olmasına karşılık, küskün, silik, çekingen, başkalarının etkisinde kolay kalabilen, aşırı hassas bir yapıya sahip olabilir. (Yavuzer, 1999: 20)

Çocuğun hemen hemen her davranışını yasaklayan, engelleyen, katı ve sert bir disiplin uygulanır. Bu uygulama bazı evde dayakla, bazı evde ayıplama, suçlama ve korkutma ile sağlanır ki, bu disiplin uygulaması çocukta ruh ve beden sağlığının bozulmasına, kişiliğin yok olmasına neden olur.

Suçlayan, cezalandıran ve sürekli karışan ana babaların çocuklarının, kolayca ağlayan çocuklar olduğu görülür. Baskı altında büyüyen çocuklarda, genellikle, isyankâr vaziyet alışlarla birlikte, aşağılılık duygusu gelişebilir.

Kurallara uymayan Rasim ismindeki öğrencimin davranışlarında bunu gözlemiştim. Rasim, kızgın, kırgın ve asi bir çocuktu. Her gün bir olaya karışır, ya yaralar, ya da yaralanırdı. Ailesiyle iletişim kurduğumda, Rasim'in büyük bir baskı altında yaşadığını ve aile ortamının son derece sağlıksız olduğunu gördüm. Bunun için Rasim, içinde bulunduğu psikolojik ortamın, üzerinde bıraktığı olumsuz etkileri nedeniyle, hıncını ve kinini sağa sola saldırarak dışa vuruyordu.

Otoriter aile yaklaşımlarında, görünüşte bir disiplin olduğu, çocuğun kontrol altına alındığı ve her şeyin normal yürüdüğü görülse de, bu kısa süreli, sağlıksız ve verimsiz bir yoldur. Otoriter yaklaşımın, çocuğun yeteneklerinin gelişmesinde, başarısında ve olumlu davranışlar sergilemesinde engelleyici bir tutum olduğu bugün bilinen bir gerçektir. Ancak, birçok aile kolay ve kestirme zannettiği bu yaklaşımı uygulamaya da devam etmektedir.

Aileler, çocuğun gelişiminde son derece zararlı olan bu yaklaşımlarını terk etmek zorundadırlar.

B- İlgisiz ve Kayıtsız Aile Yaklaşımları

Çocuk eğitiminde, ailelerin bir kısmı da, aşırı derecede rahat, ilgisiz ve vurdumduymaz bir tutum içindedirler. Sahip olduğu çocuk başkasına ait gibi bir davranış gösterirler. Hassasiyetleri, tepkileri ve denetimleri çok zayıftır. Çocuğa bir model olamazlar ve ona bir davranış şablonu sunamazlar.

Çocuğun sorumluluklarından kaçınma vardır, çocuk bakımı için gerekli olgunluğa sahip değildirler. Bu daha ziyade genç evliliklerde ortaya çıkar. Bu tip ailelerde sevgisiz, reddedilen, itilen, güvensiz, insanlara öfke duyan, dikkat çekmek için olumsuz davranışlar geliştiren bireyler yetişir. Çocuk, ilgisiz, sevgisiz ve kontrolsüz bir ortamda yetiştiği için bencil ve şımarık olur. Bencillik ve şımarıklık çevresinde istenmeyen ve sevilmeyen çocuk olmasına neden olur. (Elmacıoğlu, 1998: 78)

C- Koruyucu Aile Yaklaşımları

Koruyuculuk, sık rastlanan bir başka ana baba tutumu olarak

gözlenmektedir. Ana babanın aşırı koruması, çocuğa gerektiğinden fazla kontrol ve özen göstermesi anlamına gelir. Bunun sonucu olarak çocuk, diğer kimselere aşırı bağımlı, güvensiz, duygusal kırıklıkları olan bir kişi olabilir. Bu bağımlılık çocuğun yaşamı boyunca sürebilir ve aynı koruyucu tutumu gelecekte eşinden bekleyebilir. Daha çok anne-çocuk ilişkisinde ortaya çıkan bu aşırı koruyuculuğun ardında, annenin duygusal yalnızlığı yatmaktadır. Aşırı koruyucu görünümdeki anne, çocuğuyla öylesine bütünleşir, ona öylesine kalkan olur ki, 2 yaşlarındaki çatal kaşık kullanabilen çocuğa 8-9 yaşlarına gelse de eliyle yemek yedirir, kendi yatağında uyutur. Bu tür davranışlarıyla çocuğuna olan sevgisini dile getirdiğini, ona yardım ettiğini sanır. Ama gerçekte kendi yalnızlığını ve mutsuzluğunu telâfi etmektedir.

İlkokula kadar çocuğuna köfte, ekmek gibi taneli yiyecek yedirmeyip, likit gıda veren, suyu kaynatarak içiren ana baba örneklerimiz vardır. Böylesine koruyucu yaklaşım, çocuğun kendi kendini yöneten bir birey olmasını engeller, sosyal gelişimini zedeler, bağımlı bir kişi olmasına sebep olur. Çocuk, kendini gruba kabul ettirmek için, zaman zaman toplum dışı ve isyankâr davranışlara başvurabilir. (Yavuzer, 1999: 32)

Çocuk, toplum içinde tek başına bir iş yapabilecek cesarete ulaşamadığı için, sürekli olarak anne ve babanın yardımını ister. Bu da çocuğun kişilik yapısını zedeler ve olgunlaşma ve yeterlilik sürecini engeller.

Öğrencilerimden Yıldırım, yaşı on sekize geldiği hâlde, aşırı himaye görmüş olması nedeniyle, tek başına bir iş yapma yeteneği gelişmemişti. Anne ve babasından yardım ve öneri almadan bir şey yapamıyordu. Bir başka öğrencim de, anne ve babasından ayrı kaldığı için, yalnız başına öğrencilik hayatını sürdüremedi ve okulu bıraktı. Anne babalar çocuklarını rahat bırakmalılar ve kendilerini ifade etme imkânı vermelidirler.

D- Hoşgörülü Aile Yaklaşımları

Hoşgörülü tutum, anne babanın çocuklarına karşı hoşgörü sahibi olmaları, onları desteklemeleri, çocukların bazı kısıtlamalar dışında, arzularını diledikleri biçimde gerçekleştirmelerine izin vermeleri anlamına gelir. Çocuk kabul edilmek ve onaylanmak ister. Eğer aile ortamı ona kendi benliğini tanımlama özgürlüğü veriyorsa, sağlıklı bir biçimde olgunlaşma yolunda gelişir. Ana babanın hoşgörüsünün normal bir düzeyde gerçekleşmesi, çocuğun kendine güvenen, girişimci, toplumsal bir birey olmasına yardım eder. Böyle bir tutumda evde kabul edilen ve edilmeyen davranışların sınırları bellidir. Bu sınırlar içinde çocuk özgürdür. Söz hakkı vardır. Duygu ve görüşlerine saygı duyulur. Sevgi ve teşvik görür. Yetişkinler tarafından dinlenir.

Anne babanın tutumları, çocuğun kişiliğinin oluşumunda ve karakterinin formasyonunda büyük önem taşır. Ana baba üçgeni, sevgi temeline dayanmalıdır. Özdeşim modeli olan ana baba bilmelidir ki, çocuğa nasıl bir davranış türü uygularsa, benzer davranışı da onda görecektir. (Yavuzer, 1999: 34)

Hoşgörünün dozu çok iyi ayarlanmalıdır. Hoşgörü adına her yapılanı hoş görmek ve aşırı serbest bir tutum sergilemek son derece yanlıştır.

Anne babanın çocuğun gelişim özelliklerini ve her gelişim döneminde nasıl bir davranış sergileyebileceğini bilmesi işi kolaylaştırır.

Çocuk yetiştirmeye ve çocuk eğitmeye hazırlanan anne babaların çocuk eğitiminin tekniğini ve inceliklerini bilmeleri gerekir. Yoksa, el yordamıyla, yaparak-bozarak bir yol izlemek zorunda kalırlar ki, bu da çocuk yetiştirmede başarıya götürmez.

Hoşgörü adına, aşırı serbestliğin de çok zararlı olduğu bilinmelidir. Hoşgörü, kuralların işlediği, hayatın plânlandığı, karşılıklı diyaloğun oluştuğu, görüşlerin rahatlıkla anlatılıp, değer verildiği bir aile ortamıdır.

Çocuğunuzu İyi Tanıyın

Çocuk eğitimi, çocuğu iyi tanımakla başlar. Çocuğun davranışları iyi gözlenirse isabetli kararlar verilir ve etkili uygulama şansı doğar.

D. L. NOLTE

Çocuk eğitimine hazırlanan anne ve babalar, kendilerine şu soruları sormalıdırlar:

1- Çocuk eğitimiyle ilgili neler biliyorum?

2- Çocuğumu ne kadar tanıyorum?

Çocuk yetiştirme ve çocuğu eğitme göreviyle karşı karşıya kalan aileler, bu iki soruya cevap arayarak işe başlamalıdırlar.

Eğer çocuğunuzu yeteri kadar tanımıyorsanız veya onu eğitecek gerekli bilgi ve birikime sahip değilseniz, çocuk eğitiminde ne kadar başarılı olabilirsiniz?

Bu iki sorunun cevabı nelerdir, bunlarla ilgili ne gibi çalışmalar yapılmalıdır? Bu konu her aileyi az çok ilgilendirmektedir.

A- Çocuk Eğitimi Konusunda Kendinizi Nasıl Geliştirebilirsiniz?

1) Önce çocuk eğitimine psikolojik ve biyolojik olarak hazır olmalısınız ve içinizden bu isteği duymalısınız.

2) Evinizi çocuk eğitimine hazırlamalısınız.

3) Çocuğun sağlık gelişimi ile ilgili gerekli kaynaklara ulaşmalısınız.

4) Çocuk psikolojisi, gelişim psikolojisi ve öğretim metotları alanında bilgiler edinmelisiniz.

5) Alanında uzman olan eğitimci ve psikolog ile sürekli irtibat içinde olmalısınız, onların tavsiyelerini dikkate almalısınız.

6) Çocuk eğitiminde deneyimi olan ve bu alanda başarılı olmuş ailelerin deneyimlerinden yararlanmalısınız.

7) Kendi kişisel davranışlarınızı, çocuk eğitimine göre yönlendirmelisiniz. Davranışlarınızın çocuğa model olacağını unutmamalısınız.

8) Çocuk eğitiminde, eşiniz ve ailenin diğer büyükleri ile birlikte hareket etmelisiniz.

9) Ailede, çocuğu ikilemde bırakıp, tereddüde düşürecek söz ve davranışlardan kaçınmalısınız.

10) Düzenli sağlık kontrolleri konusunda bir program hazırlamalısınız.

11) Çocuğun öğretmeninden yardım istemelisiniz.

Bu tavsiyeleri yerine getirdiğinizde, çocuk eğitimiyle ilgili yeterli bir seviyeye geldiğinizi göreceksiniz. Bundan sonraki işiniz, uygulamalarınızın sonuçlarını sık sık test ederek, eksik veya yanlış davranışlarınızı düzeltmek olacaktır.

B- Çocuğunuzu Tanımak için Neler Yapmalısınız?

"Bir anne veya babanın çocuğunu tanımaya ne ihtiyacı var?" şeklinde bir soru oluşabilir. Çocuk her ne kadar o anne ve babanın evlâdı ise de, her anne ve baba iyi bir gözlemci olmadığı için, çocuğunu yeterli ölçüde tanıyamaz. Çocuğunu tanıyamadığı için de, uygulamada yanlışlıklar yapar, isabetsiz kararlar verir.

Bunun için neler yapılmalı?

1) Öncelikle çocuğunuzun gelişimini iyi takip edebilmeniz için, çocuk gelişimi ve çocuk psikolojisi kitaplarından yararlanınız. Bu şekilde, çocuğunuzun gelişimini izleyerek bilgi ve ölçülere sahip olursunuz.

2) Çocuğunuzun beslenme davranışlarını iyi izleyin, yemekler konusundaki tavırlarına dikkat edin. Neleri sevdiğini ve nelerden kaçtığını kaydedin. Bu şekilde beslenme problemlerini bilinçli olarak yapma imkânı bulmuş olursunuz.

3) Çocuğunuzun evdeki davranışlarını sürekli kontrol altında bulundurunuz. Nelere ilgi duyduğunu, neleri istediğini, neleri sevdiğini, neleri sevmediğini, neleri yapmaktan hoşlanıp, hoşlanmadığını tespit ediniz. Bu şekilde, çocukla olan ilişkilerinizde çocuğun davranışlarını bilirseniz, aranızda bir gerginlik yaşanmaz. En azından çocuğunuza nasıl yaklaşacağınızı belirlemiş olursunuz.

4) Çocuğunuzun arkadaş ve oyun eğilimlerine dikkat edin. Ne tip çocuklarla birlikte olmak istediğini, ne tür oyunları sevdiğini, hangi zararlı ve faydalı alışkanlıklar edindiğini öğrenmiş olursunuz. Bu size, çocuğunuzun problemlerine karşı çözüm **yolları sunar, imkân verir** ve işinizi kolaylaştırır.

5) Çocuğunuzun sevincini, kızgınlığını, heyecanını ve panik anını belirlemeye çalışın. Bu anlar çocuğun en sıkıntılı veya en kritik anlarıdır. Birçok çocuk bu anlarda problem yaşar. Bu anların problemsiz atlatılabilmesi için anne babanın iyi bir gözlemci olması lâzımdır.

6) Okul çalışmalarında, zamanı değerlendirmede ve para har-

camalarında çocuğun davranışları dikkatle izlenmeli, bu konularda problem yaşanıyorsa, gerekli tedbir zamanla alınmalıdır.

7) Anne baba, çocuğun korkularını, davranış bozukluklarını ve zararlı alışkanlıklarını zamanında bilebilmesi için de iyi bir gözlemci olmak zorundadır. Bu konularda geç kalındığında, çocuğun tüm hayatını etkileyecek zararlar çıkabilir.

Özet olarak; ana babalar, çocuklarının bilinmeyen yönlerini, davranış ayrıntılarını, beklentilerini, ilgilerini, korkularını ve isteklerini gözlemeli, belirlemelidir. Çocuğun huyu tespit edildikten sonra, ortaya çıkan problemleri çözmek kolaylaşacaktır.

Çocuk Eğitiminde Aile Fertlerinin Görevleri Nelerdir?

Çocuğun en mutlu olduğu yer kendi ailesidir. Annenin şefkati, babanın sevgisi, kardeşlerin desteği çocuğa doyumsuz bir huzur verir. En olumsuz bir aile, ailesizlikten daha iyidir. Çocukların başarısı ve toplumun huzuru için aile desteklenmelidir.

Niyazi BİRİNCİ

Aile fertleri ne yapmalı?

Çocuğun sağlıklı yetişmesi, düzenli bir eğitim alması ve hayatında başarılı olması için, huzurlu bir aile ortamına ihtiyacı vardır.

Aileyi bir bütün olarak kabul edersek, aile fertleri de bu bütünün vazgeçilmez parçalarıdır. Parçalarla bütün arasında ahenkli bir ilişki olabilmesi için anne baba ve çocukların karşılıklı olarak sevgi ve saygı ortamı içinde buluşmaları gerekir. Bazen de bu huzurlu birlikteliğe; anneanne, babaanne ve dedeler de iştirak eder.

Anlamlı bir aile bütünlüğünü sağlamak için özellikle anne baba ve çocuklar arasında sevgi duygusu yoğun bir şekilde yaşanmalıdır. Yalnızca anne babanın çocuğunu sevmesi yeterli olmamamakta, birbirlerini sevip saymada çocuklarına örnek model oluşturmaları da gerekmektedir.

Anne, baba ve bütün aile fertlerinin tavır ve davranışları çocuk için ideal örneklerdir. Çocuk bu hareketleri benimsemeye çalışır. Bu sebeple anne baba ve aile fertlerinin, çocuğun kişilik ve karakter gelişimine etkileri çok fazladır. Anne baba çocuğun nasıl olmasını istiyorlarsa, önce kendileri öyle olmak zorundadırlar.

Çocukların düzenli eğitim almalarında ve onların istenilen biçimde yetiştirilmelerinde aile fertlerinin ayrı ayrı sorumlulukları vardır. Bu sorumluluğun büyük bir kısmını anne ve baba üstlenir. Babaanne, anneanne ve dedeler ise zaman zaman bu sorumluluğa ortak olurlar. Ailedeki diğer büyük kardeşler de, çocuk eğitiminde bu sorumluluğu paylaşan diğer bireylerdir.

Çocuk eğitiminde ayrı ayrı sorumluluk alan aile fertlerinin ne gibi görevleri vardır? Bunları ana hatlarıyla şöyle ifade etmek mümkündür:

A- Annenin Görevleri

Çocuğuna, anne rahmindeyken kanını, bedeninin sıcaklığını, doğumdan sonra sütünü veren, temizliğini, bakımını ve beslenmesini üstlenen anne, çocuk eğitiminin en ağır, en yorucu ve en zor bölümünü üstlenir. Allah'ın kendisine verdiği sevgi ve şefkat hissiyle bu inanılmaz fedakârlığı büyük bir hazla yerine getirir.

Bütün bu olağanüstü fedakârlığa rağmen yine de yapması gereken önemli görevleri vardır.

1) Çocuk yetiştirmeyi, bilimsel yollarla yapması için, annenin bu konuda kendini yetiştirmiş olması gerekir.

2) Anne, çocuk gelişimini çok iyi bilmeli, yemek, uyku, temiz- ve sağlık kontrollerini iyi takip etmeli ve zamanında yapmalıdır.

3) Anne çalışan bir kadınsa, çocuğunun 0-3 yaşları olduğu zamanda çalışmamayı tercih etmelidir. Çünkü çocuğuyla bu üç yıl içinde kuracağı fizyolojik temas ve duygusal ilişki, onunla bütünleşmesi ve çocuğun sağlıklı gelişimi yönünden çok önemlidir.

4) Eğer çalışmak zorundaysa, eve geldiğinde onunla yeteri kadar ilgilenmesi gerekir. Ayrıca, hafta içinde beraber olamadığı çocuğunun bu ayrılığını, hafta sonu telâfi etmesi lâzımdır.

5) Anne, her şeyden önce çocuğunun bağımsız bir varlık olduğunu kabul ederek, ona baskı yapmadan, sevgi ve şefkat duygularını aşılarsa, güzel duyguları çevresine dağıtan, hayatı seven, mutlu çocuklar yetiştirmiş olacaktır.

6) Başarılı bir anne-çocuk ilişkisinde, anne, çocuğuyla arkadaşlık eden, sabırlı, hoşgörülü, yerli yerinde uyarılar yapabilen, hataları güzel bir iletişimle ortadan kaldırmaya çalışan bir anlayış ve uygulama içinde olmalıdır.

7) Anne, çocuğunun yerine çalışmak, kendini siper etmek yerine ona destek olmayı bilmelidir.

8) Anne, çocuğunu kendini koruyacak biçimde yetiştirip, onun üzerindeki koruyucu ve kollayıcı olma özelliğini en aza indirmelidir.

9) Anne, çocuğunun yaşantısından haberdar olmakla birlikte onun özel bir yaşantısı olabileceğini kabul etmelidir. Çocuğunun hatıra defterini okumak, özel konuşmalarını dinlemek doğru değildir.

10) Ona yakın olmalı, saygı duymalı, davranışlarını desteklemeli ve cesaret vermelidir.

11) Anneler her şeyin en iyisini kendilerinin bildiğini zannetmemeli ve daha sağlıklı çocuklar yetiştirmek için kendilerini çok yönlü geliştirmelidirler.

Kısaca anne, çocuk sevgisinde ve şefkatinde anne gibi olmalı, ama çocuk eğitiminde öğretmen gibi davranmalıdır.

B- Babanın Görevleri

Hiç kimse iyi bir baba olarak doğmaz. İyi baba olmak; sevgi, deneyim, sabır ve bilgilenme işidir. Babalık yaşantısı, eşinin hamile olmasıyla başlar. Bu dönemde baba adayı, doğum öncesindeki gelişimi adım adım eşiyle birlikte izler. Eşini gerginleştirecek ortamı oluşturmamaya özen gösterir. İşte babalık sorumluluğu da böylelikle başlamış olur.

Babanın görevlerini ana hatlarıyla şöyle belirtmek mümkündür:

1) Baba, ailede otoriteyi temsil eder. Ailenin sevk ve idaresi baba tarafından yapılır. Ailede çocukların neleri yapıp, nelerden sakınacakları baba tarafından öğretilir. Babanın bu rolü çocuk eğitimi açısından çok önemlidir. Bu otorite ne çok fazla ve ne de az olmalıdır. Fazla baskı gelişmeyi önler.

2) Babanın davranışları ile çocuk çok şeyler kavrar. Baba otoritesi ile çocuk hürriyetin anlamını anlar, değerini öğrenir. Baba otoritesi aynı zamanda toplumun kurallarını temsil eder. Bir takım yasaklar koyar, çocuk bu yasaklara karşı hareketlerini düzenler. Böylece hem hürriyeti, hem de yasakları tanımış olur. İkisi arasındaki farkı öğrenir. Karşılaştırma yapma imkânı bulur. Kısıtlandığı hallerde hürriyetin değerini kavrar.

3) Babanın otorite sahibi olması onun kırıcı ya da tahakküm edici olmasını gerektirmez. İyi bir baba çocuklara sevgi gösterirken, öte taraftan eğitim için lâzım olan sertliği de gösterir. Bu davranışların dozu çok önemlidir. Bir ilâç gibidir; dozu aşırıya

kaçan ilâç hastaya şifa olmadığı gibi çocuğa karşı hareketlerimizde aşırıya varan sert tutumlar ileride daha büyük problemlerle bizi karşı karşıya getirir.

4) Baba otoritesi fazla olduğu zaman özellikle hassas yapılı çocuklar bundan zarar görebilir. Hassas ruhlu çocuklar genellikle her şeyi düşünebilen, üstün zekâlı ve duygulu çocuklardır. Baskılardan dolayı bunlar genelde içe dönük bir kişilik geliştirmişlerdir. Bu nedenle onlar daha çok yardıma muhtaçtırlar. Bu çocuklar sert otoriteye sahip babanın davranışlarını unutmazlar, onları yıllarca hatırlarlar. Babaların bu şekilde hareketleri kişiliğin oturduğu ergenlik çağında tehlikelidir.

5) Baba, çocuğun her yaştaki ilgi ve ihtiyaçlarını bilmeli ve hareket ve tutumlarını buna göre ayarlamalıdır. Bu sebeplerden dolayı baba bilimsel bir eğitime sahip olmalıdır. Böyle bir eğitimden yoksunsa çocuğun hareketlerini kendi çocukluk davranışları ile karşılaştırmaya çalışmalıdır. (Yakut, 1997: 44)

6) Baba, çocuğun eğitiminden ve yetiştirilmesinden birinci derecede sorumlu bir kişidir. Baba, her şeyden önce çocuğun büyüme, gelişme ve kişilik kazanmasında önemli görevleri olduğunu bilmelidir.

7) Baba, gerektiğinde çocuğuyla ilgilenmeli, onunla müzeye, tiyatroya, sinemaya, balık tutmaya giden bir arkadaş olmalıdır. Gerektiğinde çocuğuna yapabileceği basit görevler vererek, onda kendine güven ve sorumluluk duygularının gelişmesine katkıda bulunmalıdır.

8) Baba, çocuğunun sorularını bıkıp usanmadan cevaplandıran, onunla sohbet eden bir arkadaş olmalıdır. Babanın çocuğuyla ortak faaliyetlerde bulunması, boş zamanını birlikte değerlendirmesi sayesinde çocukla baba birbirlerini daha yakından tanıma ve daha fazla yakınlaşma fırsatını bulacaklardır. Baba ve çocukta karşılıklı olarak sevgi ve saygı ancak bu şekilde

gelişebilir ve ancak bu şekilde çocuk, mutlu, başarılı, huzurlu, kendine güvenen, sorumluluğunu bilen, sağlıklı bir kişiliğe kavuşabilir. (Elmacıoğlu, 1998: 69)

C- Büyük Annelerin ve Dedelerin Görevleri

Torun sahibi olan yaşlı kimselerin, torunlarıyla iyi bir iletişim kurarak, karşılıklı sevgi ve saygı ortamı kurmaları gerekir. Torunlarıyla karşılıklı olarak sevgi ve saygıya dayanan, sıcak ve dengeli ilişkiler kurabilen yaşlılar, bu şekilde daha sağlıklı ve mutlu bir yaşlılık dönemi geçirirler.

Ülkemizde özellikle şehirlerimizde artık geniş aile, yerini anne baba ve evlenmemiş çocuklardan oluşan çekirdek aileye bıraktıysa da hâlâ aile büyüklerinin (dede, nine) otoritesine dayalı geniş aile geçerliliğini korumakta ve varlığını sürdürmektedir. Dede ve ninenin torunlarıyla yakın teması arttıkça, ana babanın çocuğun eğitimindeki ağırlığı ve etkinliği azalmaktadır. Anne veya baba, dede veya nineyi kırmamak için özen gösterirken, dede veya nine de çocuğa karşı "hayır"ların tümüne karşı "evet" diyerek, aşırı bir hoşgörü içerisindedir. Bu durumda anne babasından olumsuz cevap alan çocuk, soluğu aile büyüklerinin yanında alır ve isteklerine büyük bir ihtimalle kavuşurlar. (Yavuzer, 1999: 43)

Aile büyükleri, torunları tarafından sürekli sevilmek ve ilgilerini canlı tutmak için bu koruyucu tutumlarını sürdürürler. Çocuğun her isteğinin şartsız yerine getirilmesi, onda şımarık ve sorumsuz bir kişilik geliştirmektedir. Bu şekildeki aşırı hoşgörü ve koruyuculuk çocuğun eğitiminde denge ve tutarlılığı ortadan kaldırmaktadır.

Anne ve baba, çocuğun eğitimi ve yetiştirilmesinde birinci derecede yetkili ve sorumlu olmalıdırlar. Gerekirse nine ve dedeye çocuğun eğitimi ve terbiyesinde biraz mesafeli olmaları uyarısı, onları kırmadan yapılmalı ve gereken ortam hazırlanmalıdır. Çocuğun eğitimi, terbiyesi ve yetiştirilmesinde direksiyon kesinlikle anne babada olmalıdır. (Elmacıoğlu, 1998: 74)

Nineler ve dedeler, çocuk eğitiminde yalnızca destekleyici rol oynamalıdırlar, asla anne ve baba görevine soyunmamalıdırlar. Çocuk eğitiminin hızla değiştiğinin farkına varırlarsa kendi eğitim anlayışlarında ısrarlı olmazlar.

Anne ve Baba Sorumluluğuna Hazır Olun

Bebekler, çocuklar ve gençler, aile hayatının sorumluluğunu ve neşesini artırırlar, birlik ve beraberliği perçinlerler. Çok zaman aile hayatı bunlar için sürer.

Dr. L. TERR

A- Aile Hayatında Sorumluluk

Aile, sıradan iki kişinin bir araya geldiği bir mekân değildir. Aile hayatı, iki farklı insanın, birlikte yeni bir dünya kurup, büyük sorumluluk altına girdiği bir kurumdur.

Toplumun en küçük birimi olan aile, aynı zamanda küçük bir okuldur. (Bilgiseven, 1989: 30) Bu okulun öğretmenleri de, öğrencileri de, öncelikle anne ve babadır. Çünkü anne baba hem öğretirler, hem de öğrenirler.

Anne babanın çocuk eğitimine hazır olmaları gerekir. Aileye gelen bir bebek, anne babaya hem büyük bir sorumluluk yükler, hem de o aileye, taze bir kan, tatlı bir neşe ve o ailenin huzur ve direniş kaynağı olur. Aile hayatı, yeni gelen misafirle büyük bir değişiklik yaşar.

B- Yeni doğan çocuk aileye ne gibi sorumluluk yükler?

1) Anne baba çocuk eğitimine hazır olmalı, eksikliklerini süratle gidermelidir. Çocuk bakımı, çocuk sağlığı ve çocuk eğitimi konusunda yeterli olunamadığı takdirde, telâfisi çok zor olaylarla karşılaşılabilir.

2) Çocuk bakımında ve çocuk sağlığında yardımlaşma şarttır. Ayrıca, çocuk sağlığı, çocuk bakımı ve çocuk eğitimiyle ilgili kaynak kişilerle irtibat içinde olabileceğiniz gibi, bu konuda kaynak kitaplar da bulundurmanız faydalı olur.

3) Çocuk sorumluluğunun el yordamıyla, demode olmuş metotlarla ve bir takım eskimiş şekillerle yerine getirilmesi son derece zararlıdır. Her konuda mutlaka bir uzmana danışmanız yararlı olur. Bu konuyu göz ardı eden bir çok aile, çocuğun sağlığını riske atmışlardır.

4) Çocuğun sağlıklı bakımı, sağlıklı bir anne ve sağlıklı bir baba olmakla mümkündür. Siz sağlık problemleri yaşarken, çocuğunuzla da gereği kadar ilgilenemezsiniz veya sizin hastalığınız doğrudan çocuğu etkiler.

5) Çocuk için son derece temiz ve hijyenik bir ortam hazırlamalısınız. Sizin temizliğiniz, evin temizliği, havalandırılması, ısının yeteri ölçüde ayarlanması önemlidir. Çocuğun yatağı ve giysileri, çocuk sağlığını doğrudan etkileyeceği için temizliğine son derece titizlik gösterilmelidir.

6) Çocuğa verilecek anne sütünün yeterliliği ve yiyeceği mama ve yemeğin cinsi özenle takip edilmelidir. Sıradan ve rastgele yiyeceklerin çocuğa zarar vereceği bilinmelidir.

7) Çocuğunuzu bakıcılara veya yapıcı kimselere bırakmanız gerektiğinde, bu konunun çok ciddi bir seçim olduğunu bilin. İyi tanımadığınız ve kendisinden kuşku duyduğunuz kimselerin, çocuğunuza zarar verebileceğini unutmayın.

8) Çocuğunuzu bazen anneannesine veya babaannesine bırakıp onların görüş ve tavsiyelerini dinleyebilirsiniz. Bu şekilde hem onların tecrübelerinden yararlanırsınız, hem de onları onure edip, anneanne veya babaanne olmanın keyfini vermiş olursunuz.

9) Evdeki büyükleriniz, bebeğiniz için, "şöyle yap, böyle hareket et" gibi sık sık telkinlerde bulunabilirler. Onları saygıyla karşılayın. Ve söylediklerinde bebeğinizin lehine bir şeyler varsa uygulamada geri durmayın. Eğer uygulamanız sakıncalı ise, onları mümkün mertebe incitmeden işi savuşturmaya bakın.

10) Ninelerin, dedelerin, "torun sevgisi," "evlât sevgisi"nden daha ileri gelir. Onun için siz, onların bu ilgisini anlayışla karşılayın.

Aileye gelen ilk çocuk, bir yaşına girene kadar, o aileyi büyük bir imtihandan geçirir. Bu süre içinde de onlara çok şey kazandırır. Çocuk bir yaşına geldikten sonra aile, çocukla ilgili artık önemli şeyler biliyor demektir. Ama asıl eğitim süreci bir yaşından sonra başlayacaktır.

Anne baba çocukları bir yaşına gelinceye kadar daha çok bebek bakımı ve bebek sağlığı açısından yoğunlaşmışlardır. Bir yaşından itibaren de, çocuk eğitimi konusunda yoğunlaşmaları gerekecektir.

Çocuğun Gelişimi Hakkında Bilgi Sahibi Olun

Çocuğun gelişim özelliklerini bilmeyen ve gelişimini izlemeyen anne ve babalar; çocuğu büyütürken ve onu eğitirken büyük zorluklarla karşılaşırlar.

Prof. Dr. Ayhan SONGAR

Sağlıklı, yetenekli ve örnek bir evlât yetiştirmek isteyen anne ve babaların yapacakları birçok önemli işlerden birisi de, çocuğun gelişimiyle ilgili bilimsel bazı bilgileri elde etmektir. Çocuk gelişiminin seyrini bilmeyen ve gelişim niteliklerini izlemeyen anne babalar; çocuk yetiştirmede ve çocuk eğitmede istedikleri sonucu elde edemezler.

Çocuk Gelişimi Nasıl Olmaktadır?

A- Çocuğun Anne Rahmindeki Dönemi

Çocuk, anne babanın hücrelerinin birleşmesinden meydana gelir. Alın yazımızı da içinde barındıran 46 kromozomla birlikte, anne babanın genetik mirasını da taşır.

Bebeğin sağlıklı gelişimi, anne babanın ruh ve beden sağlığından başlar. İrsî bir takım hastalıklar kalıtım yoluyla çocuğa geçebilir. Ebeveynlerin beslenme durumu, sosyo-ekonomik seviyeleri dolaylı olarak bebeği etkiler. İyi ve dengeli beslenemeyen anne, bebeğin büyümesi için gerekli olan proteinleri, vitaminleri, minarelleri, yağları, karbonhidratları ve hormonları yeterince veremez. Bebeğin bunu dışarıdan alma imkânı yoktur. Tek yolu göbek kordonudur.

Aynı şekilde anne baba arasındaki problemler veya birisinin ruhsal bozukluğa sahip olması bebeği olumsuz yönde etkiler. Araştırmalar göstermiştir ki, ebeveynlerin her türlü problemleri bebeğe yansımaktadır.

Bebek, anne rahminde parmağıyla emme taliminde bulunur. Bu ibretli durum olmasaydı, çocuk doğduktan sonra memeyi ememezdi.

Göbek kordonu vasıtasıyla anneden kanla gelen her türlü gıda ve maddeler bebeğin organlarına ölçülü ve olması gerektiği düzeyde dağılır. Öncelikle "yukarıdan-aşağıya" yani beyninden aşağıya doğru gelişim başlatılır. Çünkü canlı varlıklar arasında en mükemmel yaratık insanoğludur. Bu mükemmellik büyük oranda beyinle sağlanmaktadır.

Çocuğun Anne Karnındaki Gelişimi

1) HAFTA: Döllenmeyi takip eden 30 saat sonra hücre bölünerek çoğalmaya başlar. Yavaş yavaş rahime doğru inerek rahim duvarına yerleşir.

2) HAFTA: Bölünüp çoğalan hücrelerden bir kısmı plasentayı ve ona bağlı göbek kordonunu meydana getirirler. Bir başka hücre grubu, koruyucu keseyi oluşturmak üzere faaliyete geçer.

3) HAFTA: İki bölme hâlinde kalp, göz ve kulak taslakları ortaya çıkar. Boyu ancak 3 mm kadardır. "Aşerme" denilen bulantı ve kusma bu devrede ortaya çıkar.

4) HAFTA: Ağırlığı 0,4 grama, boyu da 4 mm'ye ulaşmıştır. Başı gövdeden seçilmeye başlar. Kol ve bacaklar tomurcuklanır. Dil gelişmesi bu dönemde başlar. Kalp tam şeklini almamış olmakla beraber atışları başlamıştır. Başı, gövdesi ile 90°'lik bir açı yapacak pozisyonda durur.

5) HAFTA: Kol ve bacaklar şekillenmeye, kalp atışları hızlanmaya başlar. Omuzları ortaya çıkar. Kulak kepçelenir, parmaklar tomurcuklanır. Burun, üst çene ve mide taslakları oluşmaya başlar.

6) HAFTA: İskelet, kıkırdak hâlinde belli olmaya başlar, sindirim, üreme, solunum organları hızla gelişirken; el parmaklarının beşi de seçilmektedir şimdi. Burun ucu ve ayak parmakları ancak tomurcuklanmaktadır. Beyin ve sinir imalâtı sürmektedir. Boyu 2 cm'ye ulaşmıştır.

7) HAFTA: Üst ve alt çene ayırt edilmektedir. Kulak kepçesi ortaya çıkmış, işitme sistemi tamamlanmıştır. Mide, karaciğer ve böbrekler çalışmaya başlamıştır. El parmakları tamamen ortaya çıkmış, ayak parmakları gelişmesine devam etmektedir. Kan dolaşımının büyük bir bölümünü kalp devralmıştır. Boy, 2.5 cm kadardır.

8) HAFTA: Böbrekler seçilmeye, göz, kulak, burun ve ağız belli olmaya başlamıştır. Parmaklar iyice şekillenmiştir. Ağırlığı 2 grama, boyu da 3 cm'ye ulaşmıştır.

9) HAFTA: Embriyo devrini tamamlayan bebek, fetüs adını almıştır. Plasenta, görevi tamamen devralmış, gelişmesini tamamlamıştır. Bebeğin cinsiyeti dışarıdan belli olmaktadır. Göz kapakları seçilmekte, gözler yanlara bakmaktadır. Bebek, basit refleksler göstermeye başlamıştır. Başta da belirttiğimiz gibi, bebek 9. haftanın başlarında bütün organları tamamlanmış ve cinsiyeti seçilebilir bir seviyeye ulaşmıştır. Bundan sonrası, gelişme ve olgunlaşma şeklinde devam edecektir. Bebeğin hare-

ketleri, anne tarafından, ancak 16. haftadan sonra hissedilir. (Çankırılı, 1998: 26)

B- Süt Çocukluğu Dönemi (0-1 yaş)

Dokuz ay on gün anne rahminin sıcak ve koruyucu ortamında kaldıktan sonra artık dünyaya gelmiştir.

Bebeğin dünyaya gönderilirken ilk yaptığı iş ağlamasıdır. Bu ağlama, ilk havanın teneffüsüyle, ciğerlerin dolmasıyla izah edildiği gibi; belki de bebek huzurlu, güvenli ve her türlü ihtiyacının anında, zamanında karşılandığı o sıcak yuvadan ayrılmanın hüznüyle de ağlıyor olabilir.

Bebeğin doğduktan hemen sonra emzirilmesi tavsiye edilmektedir. Annenin meme musluklarından çıkan ilk süt, çocuğu zararlı mikroplara karşı koruyacak "askerler"den zengindir. Çocuğun sindirim sisteminin sindirebileceği terkipte ürünler ihtiva eder. Anne sütü, hem muhtevası hem de çocukla anne arasında sıcak bir ilişkinin kurulmasına vesile olduğu için hararetle tavsiye edilmektedir.

Bu dönemde uyku, çocuğun bütün hayatını kapsamıştır. Bakıma muhtaçtır. Tüm hayatı uyku ile geçer. Kendine yeterli bir duruma gelmesi için yılların geçmesi lâzımdır.

Doğduğu zaman hemen hemen hareketsiz olan insan yavrusu bir müddet sonra, yürüyen, koşan, ellerini kollarını kullanan, kendine has karakter ve davranış sergileyen bir duruma gelmektedir.

Bu dönemde anne ile çocuk arasında yakınlaşma çok ileri düzeydedir. Duygusal ilişkiler başlamıştır. Sevgi alışverişi de bu dönemde olur. Çocuğu emzirmekle, dokunmakla bu sevgi belli edilir. Çocuğun alt ve üstünü değiştirmek bile bir sevgi belirtisidir. Bu duygusal ihtiyaçların bu dönemde eksiksiz olarak verilmesi çok önemlidir. Çocuğun beslenmesi kadar önem arz eder.

Çocuğun, bir yıllık gelişim serüveni

1) BİR AYLIKKEN:

Bu ayda bebeğinizin çoğu hareketleri reflekslere dayalıdır. Kollarını ve bacaklarını dışarı doğru ittirir. Ellerini ağzına götürür ve emer. Ancak başını hâla tutamamaktadır.

2) İKİ AYLIKKEN:

Devamlı kıvrık duran bacaklarını ve ellerini açmaya ve hareket ettirmeye başlar. Bir nesneyi birkaç saniye için tutabilir.

3) ÜÇ AYLIKKEN:

Kollarını kullanmaya başlar. Karınüstü yatarken kafasını ve göğsünü kaldırabilir. Tekmeler. Gülümsemeye ve sesler çıkartmaya başlar.

4) DÖRT AYLIKKEN:

Vücudun üst kısmı ve kollar güçlenmiştir. Başını rahatlıkla dik tutabilir, istediği yöne çevirebilir. Destekle oturabilir. Nesneleri tutabilir ve seslere tepki verir.

5) BEŞ AYLIKKEN:

Sırtüstü yatarken ayaklarını ağzına götürebilir. Yuvarlanır. Etrafında olup bitenleri gözleriyle izler ve eşyaları kendiliğinden alabilir.

6) ALTI AYLIKKEN:

Yerde rahatlıkla yuvarlanabilir. Kişileri ayırt etmeye başlar. Yavaş yavaş emekleyebilir. Diş çıkartmaya başlar.

7) YEDİ AYLIKKEN:

Kısa süreli de olsa desteksiz oturabilir. Her şeyi ağzına götürür. Nesneleri birbirine vurur ve oyuncaklarını bir elinden diğerine geçirebilir. Destekle ayakta durabilir.

8) SEKİZ AYLIKKEN:

Emeklemeye başlar. Eşyaları atabilir ve düşeni arar. Bazı basit kelimeleri söyleyebilir. Yardımla ayağa kalkabilir ve kendi kendine oturabilir.

9) DOKUZ AYLIKKEN:

Destekle ayakta durup yürümeye başlayabilir. Çok küçük nesneleri bile yere düşürüp bulabilir. Oyuncakları iç içe sokup çıkarabilir.

10) ON AYLIKKEN:

Yardım almadan ayağa kalkabilir. Eşyalara tutunarak yürür. Kendi kendine kalkabilir ve oturabilir. İşittiği sözleri tekrarlar ve kendine söylenenleri biraz biraz anlamaya başlar.

11) ON BİR AYLIKKEN:

Elinden tutulunca kendi kendine yürüyebilir. Birkaç kelime konuşabilir. Kapıyı açıp kapayabilir. Düşürdüğü bir şeyi eğilip alabilir.

12) ON İKİ AYLIKKEN:

Artık kendi başına yürüyebilir. (Aydın, Akşam: 20/02/99)

Çocuk yürümeye başladığı zaman kendisini ayrı bir varlık olarak görür. Fakat gerek fizikî ve gerekse duygusal bağ ileri yaşlara kadar sürüp gider.

Tavuk yavrusu birinci günden itibaren geziyor, yemini buluyor ve kendisini düşmanlardan sakınabiliyor. Ördek yavrusu ise mükemmel bir şekilde yüzüyor. Peki ya insan yavrusu? O ise tüm ihtiyaçlarını zamanla ve deneyimle öğrenecektir.

Bütün bunlar bize gösteriyor ki, insan yavrusu ile hayvan yavrusunun dünyaya geliş gayeleri farklıdır. Çünkü hayvan yavrusu, sanki başka bir âlemde yapacağı işler kendisine öğretilmiş gibi dünyaya gelir. İnsan yavrusu ise her şeyi öğrenmeye muhtaç, hayat kanunlarına tümüyle cahildir. İnsan öğrenmekle tekemmül edecek, daha sonra da kendisinden istenilen kulluk vazifesini yerine getirmekle mükellef tutulacaktır.

C- Özerklik (1-3) Yaş Dönemi

Bir üç yaş arasındaki özerklik dönemi, çocuğun eğitiminde bir temel oluşturur. Bu dönemde çocuk artık yürür ve koşar. Durmadan dolaşır ve çevresini araştırır. Bulduğu her şeyi ağzına götürür. İsteklerine karşı çıkılmasını hiç istemez. Öfkelidir. Başına buyruk olmayı arzu eder. Tam anlamıyla kendini ayrı bir varlık olarak görür. Fakat anne baba ile diğer kardeşlerin yasaklamaları ve koyduğu kurallarla karşılaşan çocuk hayatın sınırsız olamayacağını yavaş yavaş kavrar. Kendisine verilen oyuncaklarla oynamak istemez. Gerçek eşyaları tanımak ona daha zevkli gelir. Kitapları yırtmak, duvara resim yapmak ve çizmekten hoşlanır.

Bu dönemde çocuk çişini veya kakasını altına yaptığı zaman annesinin öfkelendiğini, tuttuğu zaman sevindiğini fark eder. Bu kontrolü yapabildiğinden, her şeyi başarabileceği duygusuna kapılır. Zaman zaman annesi ile inatlaşmalara girer. Bu dönemde çocuk hoşgörülü, sabırlı bir eğitimle şekillendirilmelidir. Çünkü çocuk bu dönemde ortalıkta düşe kalka dolaşır, etrafı sürekli karıştırır, eşyaları kırar, kitap ve defterleri yırtar, eline geçen her şeyi ağzına sokar. Ayrıca her şeye "benim" diye tutturur.

Bu dönemde çocuğun beslenmesi, uyutulması ve diğer terbiyeleri bilhassa anneler için çok özveri isteyen bir iştir. Çocuk bu dönemin psikolojisi gereği hep aksi davranır. Kuralcı anne babalar bu durumu çekemediklerinden çocukla inatlaşmaya girerler. Oysa çocuğun bu özelliklerinin döneminin icabı olduğunu ve üç yaşından sonra geçeceğini düşünmek, insanı daha sabırlı ve bilinçli davranmaya iter.

Bu devrede çocuğun yasaklarla tanışması çok önemlidir. Hiç kural tanımayan ve bilmeyen çocuk saldırgan olur.

İsteklerini her ne şekilde olursa olsun elde etmeye çalışır ve bencil, saldırgan bir kişilik kazanır.

Baskı ve dayakla karşılaşan çocuk daha değişik bir kişilik sergiler. Aşırı uysal, her şeye boyun eğen silik bir kişilik tablosu ile karşımıza çıkar. Bu nedenle çocuğun gelişim sürecinde sergileyeceği özellikleri iyi gözlemek izleyeceğimiz yol ve tutum açısından önem taşır.

Bu yaşta çocuk inatçı, her şeyi karıştıran bir yapıda ve hareketleri çelişkilerle doludur. Buna "inat" devri diyoruz. Özellikleri şudur: Çocuk istediği şeylere karşı o anda inat eder. Zihni başka şeylere çevrildiği zaman inadından vazgeçer. Bu özellik birkaç hafta ya da birkaç ay sürebilir.

Üçüncü yaşın sonunda çocuk artık söz dinler, olumlu davranışlar sergiler ve uysal bir kişilik gösterir. Bu devrede anne babanın dikkatli ve soğukkanlı olmaları gerekir.

Bu dönemde çocuğu ne tamamen serbest bırakmak, ne de tamamen kendi ekseninde yetiştirmek doğru değildir. Çocuk, uygun zamanlarda ve yerlerde yaşının gereği gibi davranabilmelidir.

D- Oyun Dönemi (3-6 yaş)

Okul öncesi dönem de denilen 3-6 yaş grubu çocukların eğitimi ve yetiştirilmesi, bilinçli ve dikkatli bir çalışmayı gerektirir.

Oyun dönemi, çocuğunun zihinsel olarak, dış dünya ile doğrudan ilişkiler kurup olayları sorgulamaya başladığı bir dönemdir.

Bu dönemde çocuk çok hareketlidir. Her şeyi bilmek ve öğrenmek ister, sık sık soru sorar. İnatçılık dönemini atlatan çocuk daha sevecen ve yardımseverdir. Arkadaşları ile oynar, ilişki kurar. Her şeyini paylaşmaya hazırdır. Kendi yemeğini artık kendisi yer.

Çok canlı bir hayal gücü vardır. Bu nedenle, korkar. Gerçek

ile hayalleri karıştırır. Masal ve hikâyelere karşı ilgisi artmıştır. tır. Tasarladığı şeyleri gerçekmiş gibi anlatır. Mülkiyet duygusu gelişmemiştir. Arkadaşının oyuncağını kendisininmiş gibi kabullenmek ister. Ağlayarak onu elde etmeye çalışır.

Masallara, çizgi filmlere ilgi bu devrede başlar. Çocuklar hortlaklar, cinler, periler gibi korkutmalardan çok etkilenirler. Zaten çok geniş olan hayal dünyalarında olay, daha da abartılarak ve çarpıtılarak algılanır. Bunun için çocukların bu tür şeylerle korkutulmaması gerekir.

Oyun çocukluğu devresinde çocuğun benlik duygusu gelişmeye başlar. Toplumun kurallarını, ahlâkını, örfünü, geleneğini kavramaya çalışır.

Çocuk beş yaşına gelince hareket ve davranışlarında tutarlılık göze çarpar. Bu dönemde çocuk, ne yapacağını önceden tasarlar. Davranışlarını kontrol edebilir. Bu çağda zihinsel ve dil gelişimini sürdürür. Ancak, canlı ve cansız kavramı tam gelişmediği gibi zaman kavramı da tam gelişmemiştir. Bundan dolayı çocuk oyuncağı ile konuşmakta ve onu dert ortağı gibi düşünerek dertleşmektedir.

Bu dönemde cinsiyet farkı görülmeye başlar. Kız çocukları anneye, erkek çocukları babaya benzemek isterler. Çocuğun zekâsı mücerret kavramları, yani görünmeyen şeyleri algılayacak kapasitede değildir. Bu nedenle dinî terim ve kavramların bir kısmını anlayabilirler.

Anne ve babaya benzemek duygusu çocuklarda kimliğin gelişmesine yardımcı olur ve bu kimliği kazanırlar. Bu dönemde kendisine yön verecek ölçü ve prensipleri alarak bir üst benlik kimliği kazanır.

E- Okul Dönemi (6-12 yaş)

Çocuğun anneye bağımlılıktan kurtularak dış dünyaya açıldığı bir dönemdir. Artık çocukta iyi ile kötüyü birbirinden ayırma yeteneği gelişmiştir.

Bu dönemde soyut kavramları da az çok anlamaya başlamıştır. Hayal ile gerçek birbirinden ayrılır. Çocuk hareketli ve canlıdır.

Cinsel kimlik artık gelişmiştir. Grup oyunu başlamıştır. Her cins kendi aralarında oynar. 6-11 yaş arasında dikkat çekici gelişmeler olur. Zaman kavramı da gelişmiştir. Arkadaşları ile oynamaya başladığı gibi, ev dışındaki kişilerle de diyaloğa girmiştir. Sorumluluk alacak bir duruma gelmiş ve sorumluluk almaktadır. Yedinci yaş ayırt etme yaşı olarak kabul edilir. Çocuk bu dönemde sistemli bir eğitime hazırdır. Ruhsal ve bedensel olarak bu olgunluğa gelmiştir. Bu yaşta çocuğu anlamak ve ilişki kurmak gayet kolaydır. Bu dönemde ahlakî şuur da gelişmiştir. İlişkilerinde uyumlu ve dengelidir. Kabiliyetlerinin geliştiği bir çağdır. Dinî kavramlara karşı ilgisi artan çocuğun bu merakı bol resimli hikâyelerle geliştirilebilir. Bu tür kavramların çocuğun ruh dünyasını tatmin ettiği görüşü genel bir düşüncedir. (Yakut, 1997: 29)

Çocukta duygusal gelişim, zihinsel gelişmeden önce olmaktadır. Bu açıdan çocuğun kalbini kazanmak suretiyle bir şeyler verilebildiği ölçüde sevgi ve bağlanma duygusu gelişir.

Dinî kavramlar kullanmak suretiyle çocuğun üzerinde baskı kurmak ya da çocukları isteklerimiz doğrultusunda yönlendirmek de bir takım sakıncaları beraberinde getirmektedir. Dinî ve ahlakî unsurları yerinde ve zamanında kullanmak yararlar getirdiği gibi, zamansız ve maksatlı kullanmak da o derecede zararlıdır. Bu metot sık sık kullanıldığı zaman çocukta suçluluk duygusu gelişir. Bu duygunun geliştiği çocuk zamanla Allah korkusuyla birlikte öfke geliştirecektir. (Yörükoğlu, 1995: 41)

Allah'a iman olaylara karşı dayanma gücü verir. Bu duygular geliştikçe çocuğa olayları tevekkülle karşılama hissi kazandırarak huzur verir. Bu şekilde hayat güzel bir hâle gelmekte ve yaşanmaya değmektedir. İman insanın kâinata bakış açısını değiştirerek ona güç kazandırır.

Çocuk Eğitiminde Anne Sütü ve Önemi

Çocuğunuzu mutlaka emzirin. Bunda hem çocuk için, hem de anne için büyük faydalar vardır.

Prof. Dr. Atalay YÖRÜKOĞLU

A- Niçin Emzirmeli?

Anne çocuk ilişkilerinde "emzirme" olayı, önemli bir yer tutar. Emzirme yalnızca çocuğun anne sütünü emerek karnını doyurması değildir. Emzirme olayı, aynı zamanda anne çocuk diyaloğunun önemli bir başlangıcıdır.

Çocuk annesini emerken, aynı zamanda şefkatli kolları, sıcak kucağı ve ihtimamlı sevgiyi de hisseder. Anne ise, çocuğunu emzirirken, çocuk şefkatinin o büyülü hazzını yaşar ve sahip olduğu en nadide varlığın farkına varır. Böylece çocuk ile anne arasında kopmaz bir bağ oluşur.

Daha çocuk doğmadan; onun acizliğine ve her şeye muhtaç hâline binaen annenin hormonsal sistemi "süt" üretecek ve salgılatacak biçimde ayarlanır. Bu öylesine harikulâde bir şekilde cereyan eder ki, çocuk ağlar ağlamaz, annenin beyninde hormonsal merkezinden "Oksitosin" adı verilen ve sütün memeden salınmasını temin eden hormon salgılatılır. Bu, Allah'ın büyük bir lütfudur.

B- Sütün Önemi

İnsan organizmasındaki sistemlerin gelişimi için en uygun gıda anne sütüdür. Anne sütü içerisindeki antikorlar (yabancı ajanlara karşı savaşan askerler), çocuğun savunma sistemleri teşekkül edinceye kadar çocuğu korur. Sindirim sisteminin her türlü gıdayı hazmedecek durumda olmamasından dolayı anne sütü çocuğa göre ayarlanmıştır. Anne sütü yeterli miktarda protein ve temel besin maddelerini içeren tabiî bir besin kaynağıdır. Yeni doğan çocuğun böbrekleri tam olgunlaşmadığından anne sütünde minareller az orandadır. Kan yapımında kullanılan demir, insan sütünde bulunan özgül bir protein olan laktoferrinle kolaylıkla ve fazlaca bağlanır. Laktoferrin, ayrıca mide ve bağırsak enfeksiyonlarından korunmada da önem arz eder. (Kaya, 1998: 64-65)

Çalışan annelerin "mecburen," çalışmayan bazı annelerin de "estetik" düşünceleriyle çocuklarını emzirmemesi, bunun yerine biberonu tercih etmeleri ve bunların çocuklar üzerindeki etkileri son yıllarda geniş araştırılan konular arasına girdi.

Bugün çocuk hekimleri, psikolog ve pedagoglar, hararetle ilk altı ayda çocuğa mutlaka anne sütü verilmesini önermektedirler. Çocuğun anne memesinden sütünü alması basit bir beslenme olayı değildir. Çocuğun o şefkat kahramanlarının sıcacık sinesinde ve kollarında aldığı haz ve güven duygusu hiçbir şeyle ölçülemez. Annenin sıcak ve şefkatli sinesinde çocuk, korunduğunu, ihtimam gösterildiğini, değer verildiğini hisseder. Temel güven duygusu sağlam olur. Şahsiyetli yapısının teşekkülü için zemin hazırlanmış olur.

Çocuğun kendisini güven içerisinde hissetmesini sağlayan "meme emme" çocuğun psiko-sosyal gelişmesini olumlu yönde geliştirirken, sütün muhteşem kompozisyonuyla da biyolojik gelişimini sağlar.

Çocuğun biyolojik ve psikolojik yapılanmasında büyük etkisi olan emzirme olayının yerini biberon gibi ruhsuz bir şişe tutamaz. Mecburiyeti olmadan biberonu tercih eden annelerin daha duyarlı ve şuurlu davranması gerekmektedir.

Çocuklarda İlk Temel Alışkanlıklar Nasıl Kazandırılmalı?

Çocuklara hangi alışkanlıkların kazandırılacağını iyi plânlayın ve bunu sabırla uygulayın. Çünkü, büyüyünce alışkanlık kazandırmak çok güç olur.

Prof. Dr. Yıldız GONCA

Aileler, çocukları doğduktan sonra onlara bazı temel alışkanlıklar kazandırmaya başlamalıdırlar. Vermek istedikleri davranışları, sabırla, sürekli ve sıkmadan yapmalıdırlar. Çünkü, çocukların en sevmediği şey, baskı ve zorla bir şeyi yapmaktır.

Çocuklara verilmesi gereken ilk temel alışkanlıklar nelerdir? Bunlar nasıl verilmelidir?

A- Yemek Yeme Alışkanlığı

Yemek yeme alışkanlığını kazandırmak için, her aile, belli bir çaba içinde olur. Bazen de yemek yeme alışkanlığını vermek için, zor kullanma ve kavga çıkarma yoluna gidilir. Bu iş öylesine zora girer ki, âdeta yemek yeme, çocuk için işkenceye dönüşür.

"Yemek yeme," çocuğun kendi kendini yönetebilmesi yolunda attığı önemli adımlardan biridir. Çocuğun yemeğini tek başına yiyebilmesi, onun özerk olabilmesi ve kendi kendini yönetebilir duruma gelmesi için zorunludur. Ancak, anneler çoğu kez çocuğun tek başına yemek yemesini, etrafı kirletmemesi, hızlı ve kontrollü olabilmesi gibi gerekçelerle engellerler. Çocuğun kendi kendisini yönetebilmesi, bir bakıma ailesinin kendisine tanıdığı fırsatlara bağlıdır. Yemek yeme konusu çocuğun yaşamında büyük bir önem taşır. Başlangıçta önemsiz gibi görünen bu konu, önlem alınmadığı takdirde ciddi bir sorun hâline dönüşebilir.

Normal olarak çocuk acıktığı zaman yemek yer. Ancak çocuk yemek yemiyorsa bunun fizyolojik ya da psikolojik boyutları vardır. Fakat hiçbir sebep yokken yemek yememesi, anne baba ve kardeş gibi çevresindekilerle olan bir uyumsuzluktan ileri gelmiş olabilir.

Bu durum karşısında anne babanın takınacağı tavır çok önemlidir. Her şeyden önce endişeye kapılmamak gerekir. Çocuğu zorlamamalı. Bazı anne babalar işi rüşvete kadar götürürler. Çocuğun bu hassasiyeti öğrenmesi, onu anormal bir şekilde kullanmasına neden olur. Bilinçli ve bilinçsiz olarak bir isteğini yaptırmak için bu durum bir vasıta olarak kullanılır. Anne babayı dize getirmek için bazı yollara sık sık başvurabilir. Bu da çocukta "onları dize getirdim" gibisinden bir üstünlük duygusu meydana getirir.

Yemek yemediğinden dolayı çocuğu cezalandırmak ya da şiddet kullanma yoluna gitmek de hatalıdır.

Dayak, çocuğu öfkelendirip heyecana getireceğinden iştahını tamamen kapatır. Bu gibi durumlarda bir şey yiyemeyeceği gibi yenilenleri de sindiremez.

Çocuğun bu davranışlarını başkalarına anlatmak doğru değildir. Kendisinin önemli bir kişi olduğu kanısına varır. Ve hareketlerini devam ettirir.

Çocuğa zorla yemek yedirmemek gerekir. Önüne konan yemeği yemeğe alıştırmalı, yemiyorsa sofradan kaldırmak, yerinde bir tutumdur. Öğün arasında iştahı kırıcı bir şeyler yedirilmemelidir. Çocuk belli zamanlarda yemeğe alışmalıdır. (Yakut, 1997: 54)

B- Uyku Alışkanlığı

Uyku, Allah'ın insanlara verdiği en büyük lütfudur. Uykusuz bir hayatın ne derece çekilmez olduğunu, insan ancak uykusuz kalınca anlamaktadır. Hele çocuklar için uyku; vazgeçilmez bir gıdadır.

Çocuğa gerekli olan uykunun süresi bazı faktörlere bağlıdır; bunlardan en önemlisi, çocuğun yaşıdır. Küçük çocukların uykuya daha çok ihtiyaçları vardır. Yeni doğan bebekler, günde ortalama 16-18 saat uyuyarak zamanlarının % 80'ini uykuda geçirirlerken, 1 yaş bebeklerinde bu süre % 50'ye düşmektedir. Yine uykunun ritmi ve derinliğinde de birinci yıl boyunca hızlı değişmeler görülür. İlk 3-4 hafta boyunca bebekler, ortalama olarak günde 7-8 kez kısa devreler hâlinde uyurlar. Altıncı haftadan itibaren bu kısa uykuların yerini günde 2-4 kez yinelenen uzun uyku periyotlarının aldığı görülür. Yirmi sekizinci haftadan itibaren, bebeklerin, büyük bir çoğunlukla tüm gece boyunca uyudukları; buna ilâve olarak, 1 yaşına kadar gündüzleri de 2-3 kez kısa sürelerle uyudukları gözlenmektedir.

Genellikle yeterli kabul edilen uyku süresi 2-5 yaş için ortalama 13-15 saat, 6-8 yaş için 12 saat, 8-10 yaş için 11 saat ve 10 yaşından ergenlik dönemine kadar 10 saattir. Aslında çocukluğun her evresinde gerektiğinden çok uyuma, yetersiz uyumadan daha iyidir.

Anne ve babaların öncelikle çocuklarına erken yatma alışkanlığı kazandırmaları gerekir. 20.30-21.00, gerek okul öncesi dönemi çocuğu için, gerekse okul çocuğu için ideal uyku saatidir.

Ülkemizde çocuklarıyla yataklarını paylaşan, uyku sırasında saçlarını ya da kulaklarını çekmelerine izin veren ana baba örneklerine rastlanmaktadır. Bu konudaki tavsiyemiz, kesinlikle çocukla aynı yatağı paylaşmamak olacaktır. Televizyonun çekiciliği nedeniyle salonu terk etmek istemeyen çocuğa gerektiğinde anne ve baba eşlik edebilir. Odasında ve kendi yatağında yalnız başına yatmaya alışmasını amaçlayan bu metot, 10-15 gün tekrarlanabilir. Bu süre, çocuğun kendi başına yatma alışkanlığı kazanmasına yetecektir.

Çoğu yetişkinlerin zor uyumalarına, ilk çocukluk yıllarındaki uyku programının düzensiz oluşu neden olmaktadır. Öte yandan iyi uyuyan yetişkinlerin düzenli uyku programının uygulandığı bir evde yetiştikleri görülür. Diğer alışkanlıklara benzeyen uyku alışkanlığı da, yaşamın ilk yıllarında kazanılır. İyi uyku alışkanlıklarının yerleşmesi kesinlikle iki yıldan fazla süreyi kapsar. Bu nedenle uyku programının düzeni, ilk çocukluk yıllarının sonuna kadar sürdürülmelidir. (Yavuzer, 1999: 77-84)

C- Tuvalet Alışkanlığı

Çocuklarda temizlik ve kuruluk bir alışkanlık hâline getirilmelidir. Bazı çocuklar yaşları ilerlediği halde altlarını ıslatmaya devam ederler. Bunlardan bazıları temizlik ve kuruluk alışkanlığını almamışlardır. Bu hâl bilinçaltı ruhsal sebeplere bağlı olarak gelişir. Çocuk bu hareketiyle çevresindekilerden ilgi toplamak ya da öç almak isteğindedir.

Normal olarak bir çocuk dışkısını 2 yaşında, çişini 3 yaşın sonunda söylemesini öğrenir. Bu yaşlardan önce alışkanlık kazandırılamaz. Dört beş yaşlarına kadar gündüzleri arada sırada, geceleri ise daha fazla altlarına kaçırırlar.

Öksüz ve yetiştirme yurtlarında bu oran daha fazladır. Bunun nedeni yetersiz eğitime bağlıdır. Bedensel ve ruhsal hastalıklar da gece işemeye neden olabilirler.

Temizlik ve kuruluk anlayışı ve alışkanlığı oldukça uzun bir zamanda ve tekrarla kazandırılır.

Çocuk çişini haber vermeyi öğrendikten sonra zaman zaman altını ıslatabilir. Çocuk uykuya girdikten 3-4 saat sonra iyice uyandırılmalı ve ihtiyacını görmesi istenmeli. Bu şekilde çocuk zaman zaman uyanma alışkanlığı da kazanır. Kuruluk ve temizlik alışkanlığı için bu şarttır.

Genelde altını ıslatan çocukların uykusu çok derindir. Bu nedenle sidik torbasının büzücü kasları derin uykuda gevşer ya da torbanın dolması sonucu gelen uyarılar çocuğu uyandırmaya yetmez. Bunun sonucu da altını ıslatma olayı gerçekleşir. Çocuğun altını ıslatması çoğunlukla ruhî sebeplere dayanmaktadır. Çocuğu erken tuvalet eğitimine tâbi tutma ve baskıcı bir eğitim uygulama gece işemelerine neden olur.

Aileye gelen yeni üye de onu kıskançlığa sevk eder. Anne babanın bebeğe yönelen ilgisi onu rahatsız edebilir. Dikkatleri üzerine çekmek için de altını ıslatır. Çok kısa süren bu dönem biraz sevgi ile aşılabilir. (Yakut, 1997: 55)

Çocuklarınıza Örnek Olun ve Kalıcı Prensipler Kazandırın

Çocuklarına hayatın acı ve tatlı kurallarını öğreten aileler, çocuklarına satın alınamaz birer servet bırakmış olurlar.

Michael BAİLEY

A- Örnek Davranışın ve Hayat Prensiplerinin Önemi

İnsan hayatı, bazı prensiplere, önemli kurallara, kalıcı ve olumlu davranışlara bağlı olarak devam eder.

Bir çocuk için aile ortamı hayat prensiplerinin kazanıldığı bir yerdir. Bütün karakter özellikleri burada oluşacak, olumlu veya olumsuz davranışları aile ortamında kazanacaktır. Anne baba ve diğer aile büyüklerinin hâl ve hareketleri, bir çocuk için birer davranış örneklerini oluşturmaktadır.

Çocuk bir fotoğraf makinesi gibi her hareketi alır ve onu zihnine yerleştirir. Kendi davranışlarını da, gördüğü hâl ve hareketlere göre şekillendirir. Bu sebeple anne baba ve ailenin büyükleri, çocuğun zihinsel ve davranış gelişiminde birinci derecede rol oynar. (Keyes, 1991: 76)

Anne baba, çocuğunun nasıl olmasını istiyorsa ve ondan neler bekliyorsa, öyle yaşamak ve davranmak zorundadır. Anne babanın olumlu davranışları, söz ve ikazlarından daha etkilidir.

Her zaman güzel sözler, güzel davranışlar oluşturmayabilir. Ama örnek ve güzel davranışlar, her zaman örnek ve güzel davranış oluşturur.

Başka bir ifadeyle çocuklar, anne ve babalarının davranışlarını, karbon kâğıdı gibi aynen kopya ederler. Korku ve kaygılarını da, coşku ve olumlu huylarını da. (Yavuzer, 1995: 101)

Öğüt vermek yerine davranışlarınızla örnek olun. Çocuklar modelden taklit yoluyla öğrenirler. Onlar için "eylem," "söz"den çok daha etkilidir. Çocuk duyduğunu değil, gördüğünü öğrenir ve uygular. Annesinin baskılı yemek yedirmesini, bebeklerine yemek yedirirken uygular. Anne baba arasında öğrendiği şiddeti, oyunlarında arkadaşlarına uygular. Bu nedenle aile içindeki şiddet, çocuk üzerinde medyadaki şiddetten çok daha etkilidir.

Bunu çok iyi bilen bilinçli aileler, küçük yaştan itibaren çocuklarına, hayatın prensiplerini, uyulması gereken kurallarını ve olumlu davranışları kazandırmaya çalışırlar. Ve çocuklarına bu konuda örnek olurlar. (Erdil, 1991: 48)

B- Çocuğa Kalıcı Hayat Prensipleri Nasıl Kazandırılır?

1) Aile içinde çocukla çok iyi bir iletişim kurun ve sıcak bir ortam oluşturun. Bu şekilde çocuk, aile ilgisini ve mutluluğunu, her türlü yaşama tercih edebilsin.

2) Çocuğa zamanını, çalışmalarını plânlamasını ve parasını tasarruflu kullanmasını öğretin.

3) Evdeki yaşamında kendisine bir sorumluluk verin. Kendisine bir çiçek alın, bakmasını söyleyin veya ekmek alma işini

ona bırakın. Veya daha başka işler vererek sorumluluk duygusunu geliştirin.

4) Kardeşin, anne ve babanın önemini kavratın. Bunların olmaması hâlinde ne kadar sıkıntıların yaşanacağını örneklerle gösterin.

5) Bayram günleri, mezara götürün. Vefat etmiş büyüklerine dualar okutun. Bu şekilde çocuk, ölülere saygı duymasını ve orada bir yakınının bulunduğunu öğrenecektir.

6) Her şeyi satın alarak sahip olmadan başka yollardan da yararlanmanın bulunduğunu kavratın. Örnek olarak kullanılmış kitap alma, ödünç veya kütüphanede bulma gibi yolların da olduğunu anlatın.

7) Önce ailenize bir çeki düzen verin. Aile ortamında tertip düzen, ilişkilerde olumlu tavırlar, söz ve hareketlerinde tutarlılık olsun.

8) Davranışlarının, yaramazlığının sonuçlarına katlanmasını sağlayın. Masaya çay dökmüşse bırakın kendi temizlesin. Arkadaşının kalemini kırmışsa bırakın kendi harçlığından yenisini alsın.

9) Çocuğun olumsuz davranışları karşısında duygularınızı ifade edin. Beklentilerinizi dile getirin.

10) Çocuklarınızı sizin istediğiniz şekilde olsun diye direnmeyin. Onları, olduğu gibi kabullenin. Kapasiteleri ve yetenekleri ölçüsünde davranış sergileyin.

11) Ona seçme şansı tanıyın ve hatalarını nasıl telâfi edeceğini gösterin. Problem çözmesine yardımcı olun. Bütün bunları yaparken adil ve objektif olmaya özen gösterin. Örneğin küçük çocuğu kollamak uğruna büyük çocuğa haksızlık etmeyin. Gerektiğinde ikisini de ayrı odalara göndererek ayırma yöntemiyle ayrım yapmadığınızı kanıtlayın. Sevilen ve kişiliğine saygı duyulan çocuk, başkalarını sever ve onlara saygı duyar. Bu nedenle disiplini sevgi temeli üzerine inşa edin.

12) Çocuğunuzun sorularına mutlaka cevap verin. Saçma-sapan şeyler sorsa da cevapsız bırakmayın. Onun saçma sorularını, uygun cevaplarla düzeltmeye çalışın.

13) Mükemmeliyetçi bir anne baba olmayın. Önce, kendinizin mükemmel olmadığınızı bilin. Mükemmeliyetçi anne ve baba çocuğun kapasitesini dikkate almadan yüksek bir beklenti içine girer. Kendi yetenek ve başarılarıyla anne ve babasının beklentileri arasında fark olduğunu gören çocuk kendisinin değersiz ve önemsiz olduğunu düşünür. Çünkü hiçbir zaman anne babanın hedeflediği başarıyı elde edemez. Bu başarısızlık onu hayal kırıklığına uğratır, başarısızlığı pekiştirir.

14) Çocuğunuza, eğitim değeri olan, iyiliklerin, doğruların ve yardımlaşmanın yer aldığı fıkra, hikâye ve masallar anlatın. Onların da ezberleyip anlatmasını isteyin.

15) Yardımlaşma ve dayanışma isteklerinin pekişmesi için, çoğunlukla kızların annelerine, erkeklerin de babalarına yardımcı olmalarını destekleyin ve teşvik edin.

16) Arkadaşlığın, birlikte yaşamanın, komşuluğun ve akrabalığın maddî manevî değerini örneklerle anlatın.

17) Sigara, içki, kumar ve diğer zararlı alışkanlıklarla ilgili olarak çocuk üzerinde etkili olabilmeniz için, önce siz bu tür alışkanlıklardan kurtulmuş olmanız lâzımdır. Yoksa: "Sigara, içki içme, kumar oynama, o kötü yerlere gitme, kötü insanlarla arkadaşlık etme." gibi ikazlarınız etkisiz kalacaktır.

18) Çocuklarınızın hayatlarında önemli olduğuna inandığınız bazı kurallar oluşturun. Bu kuralları, hoşgörülü ve iyilik yaklaşımı içerisinde önce hissettirin, sonra da uygulayın. Uyguladığınız her kuralın, "neden ve niçinler"ini de anlatın. Böylece çocuk, "hayat demek, kural demek" gerçeğini anlasın. Ayrıca, kuralların içeriğini öğrenip, kendi açısından faydasını görsün.

19) Çocuklarınızın davranış kalıplarını, psikolojik dünyasını

ve olaylara vereceği tepkiyi öğrenin ve çözmeye çalışın. Çocuğunuzu iyi ezberler, ona olan isteklerinizi ve yaklaşımlarınızı daha iyi ayarlarsınız. Bu şekilde daha az problem yaşarsınız.

20) "İnsan ilişkilerinde nezaket kuralları" olarak bilinen kuralları anlatın, gösterin ve davranışlarınızla ortaya koyun. "Anne babayla nasıl konuşulur? Okulda nasıl hareket edilir? Büyüklere saygı, küçüklere sevgi ne demektir? Trafik kuralları nedir? Bir şey nasıl satın alınır? Kavga neden çıkar? Gergin ortamdan nasıl uzaklaşılır?" gibi önemli kurallar anlatılmalı, nedenleri ve niçinleri örnekleriyle ortaya konmalıdır. Bu şekilde çocuk, ateşte elini yakmadan, ateşin el yakabileceğini öğrenmiş olur.

21) Çocuklardan hatalarını kabullenip, çabucak özür dilemelerini beklemeyin. Onların psikolojik yapılarının buna hazır olmadıklarını bilin.

22) Çocuklarınızla sert tartışmalara girmeyin. Ancak bir problemin çözümüne yönelik fikir üretecek ve alternatif sağlayacak tartışmaları sık sık yapın. Çocuk hem böylece bir konunun tartışılarak çözüme kavuşacağını anlar, hem de tartışmanın doğallığını hisseder.

23) Çocuklarınıza sık sık gülümseyin, iltifat edin ve saçlarını okşayın. Bu, aranızda sıcak bir iletişim oluşturur. Bu şekilde çocuk, insanlara tebessüm etmeyi, onlara dost gözüyle bakmayı öğrenir.

24) Siz çocukken, size nasıl davranılmasından ve neler yapılmasından hoşlandığınızı ve nelerden hoşlanmadığınızı hatırlayın. Çocuklarınıza olan yaklaşımınızda bunları aklınızda bulundurun.

25) Çocuklarınıza mutlaka zaman ayırın ve ayırdığınız bu zamanın boşa harcanmış bir zaman olmadığını anlayın. Siz çocuklarınıza zaman ayırırsanız, onlar da bir gün hem size hem de kendi çocuklarına zaman ayırmayı bileceklerdir.

26) Çocuklarınıza onurlu ve kişilikli davranışlar kazandırdüşünün. Çocuğun korkutulması, sindirilmesi ve sürekli "beceriksizliği"nden bahsedilmesi, onurlu bir şahsiyetin oluşmasını engeller.

27) Ailelerde aşırı bir disiplin de, olabildiğine kuralsız bir yaşantı da çocuğun ruh sağlığı üzerinde olumsuz bir etki yapar. Anne baba ne eli sopalı olmalı, ne de aşırı vurdumduymaz bulunmalıdır. Yoksa çocuk, dengesiz ve kararsız bir kimlik kazanır.

28) Çocuklarına karşı davranışlarınızda çelişkili tavırlar ve sözler sergilemeyin. Davranışlarınız uyumlu ve tutarlı olsun. Sabah ayrı, akşam ayrı bir yaklaşımla çocuğun karşısına çıkarsanız, çocuk neye göre tavır alacağını şaşırır. Doğru yapıyorum, diye yanlışlara sapabilir.

29) Çocuklara yaptığı yanlışlardan ötürü: "Senin annen-baban olmayız." gibi tavırlar içinde olmayın. Bu, çocuğun dünyasını alt üst eder. Sizi her an kaybedecek korkusu içinde ruh sağlığı bozulabilir. Çocuklarınıza insan ilişkilerinin önemi, millî ve manevî duyguların gereği, insanın gayesi ve başarının sırları gibi hayatta olmazsa olmaz derecede gerekli olan bir takım esasları kavratmaya çalışın. Unutmayın ki bu esaslar olmadan kişi hayatta başıboş kalır ve temelsiz yaşar.

30) Çocuklarınızı okumaya alıştırmaya, olayların neden ve niçinlerini çözmeye teşvik edin. Bu, çocuğunuzun zihin gelişimini hızlandırır, yeteneklerini artırır, önemli başarıların kapısını aralar.

31) Çocuklar, "önemsenmeyi" ve "kabul görmeyi" anne ve babalarından beklerler. Çocuklar başka çocuklarla karşılaştırıldığında kendilerine değer verilmediği anlayışına kapılırlar. Bu durum onları çok üzer ve size karşı da güvenlerini sarsar.

32) Çocuklarınızın özgüvenli, uyumlu ve dengeli bir birey

olarak gelişimini sürdürmesi için "anne baba-çocuk" ilişkinizi pekiştirin.

33) Çocuklarınıza: "Öyle çok okumakla zengin olunmaz. İşte okuyanları görüyorsunuz; okudular da ne oldular yani?" diye boş lâflar ve işe yaramaz anlatımlarda bulunarak onları okullardan soğutmayın. Yoksa çocuk, kısa yoldan zengin olmanın hesaplarını yapar ve yanlış davranışlar geliştirir.

34) Çocuklarınız cimri değil cömert olsun istiyorsanız onlara hayatta en güçlü, en değerli, en geçerli şeyin para olduğunu söylemeyin. Paraya ve maddeye sahip insanların hep mutlu, müreffeh, hep saygı ve saygınlık gören kimseler olduğunu da anlatıp durmayın.

35) Çocuklara kendilerini ifade edebilecek, kendi yaptıklarını sergileyecek, ezberlediği şiiri okumalarına fırsat vererek zaman tanıyın. Eğer çocuk kendisini iyi ifade etme imkânı bulursa, hayatta ezilmez, kendini anlatmak ve tanıtacak cesaret bulur.

Anne babalar, çocuklarına küçük yaştan itibaren hayatın önemli prensiplerini kazandırmakla çok büyük görev yapmış olurlar. Bu şekilde anne babalar, çocuklarına hayatı hazır sunmak yerine, hayatı kazanmak için bilgi, görgü, deneyim ve prensipleri vermiş olurlar. Bu, çocuklara bırakılacak çok önemli bir sermayedir.

Hangi Yaşta,
Nasıl Dinî Eğitim Verilmeli?

Çocukta Allah'a iman duygusu, ona engin bir huzur ve sonsuz bir güven verir. Çocuk Allah'ı anladıkça, kendisini de anlamaya başlar.

Zübeyir GÜNDÜZALP

A- Çocukta Dinî Eğitimin Önemi

İnsanın çocukluğunda aldığı dinî telkinlerin, hayatı boyunca derin izler bıraktığı bilinmektedir. Son yıllarda çocuk psikolojisi üzerinde yapılan birçok araştırma, çocuğun kişiliğinin temel özelliklerinin ilk yıllarda ortaya çıktığını tespit etmiştir. Hayatın diğer dönemlerini büyük ölçüde etkileyen bu özellikler, günümüzde eğitimcilerin ilgisini okul öncesi döneme yöneltmiştir (Ay, 1999: 20). Çünkü, çocuğun karakterinin tohumları, ilk çocukluk yıllarında atılmakta ve sonraki yıllarda da gelişmeye başlamaktadır.

İlk yıllarında alınan dinî eğitimin, çocuk üzerinde olumlu etkiler bıraktığı ve çocuğu disiplinli bir hayata yönlendirdiği bilinen bir gerçektir.

Çocuklarda var olan yüksek uyum gücü dikkate alınarak, dinî eğitimin ilk çocukluk yıllarında en iyi şekilde verilmesine çalışılmalıdır. Çocuğun yaşı 10-12'ye geldiğinde dinî eğitim için genç kalınmış olunur.

B- Yaşlara Göre Dinî Eğitim Nasıl Olmalı?

Çocuğun yaşına göre, verilecek dinî eğitimin yöntemini belirlemek gerekir. Bunları şöyle sıralayabiliriz:

1- İlk Çocukluk Dönemi (2-6 yaş grubu)

"Okul öncesi dönem" olarak da adlandırılabilecek 2-6 yaşları arasındaki devrede çocuğun psikolojik yapısı dikkate alınarak ona verilecek din eğitiminde daha ziyade çocuğun duygularına ve gönlüne hitap edilmeli, el becerileri ve oyun faaliyetlerine dinî unsurlar katılmalıdır.

İşte, ilk çocukluk döneminde çocuğa verilecek oyuncaklarda dinî yaşantıyı temsil edecek, hatırlatacak ve bazı kavramları sembolize edebilecek özellikler bulunmasına dikkat edilmelidir. Sözgelimi, ona hediye edilecek namaz örtüsü, tesbih ve takke gibi eşyalar, içinde cami resimleri bulunan boyama kitapları vs. bir taraftan da dinî dünyaya adım atmasını sağlayacaktır. Batı ülkelerinde, anaokullarında verilen dinî eğitimin belkemiğini, semboller, resimler ve oyuncaklar oluşturmaktadır. (Başkurt, 1995: 117)

Dua, okul öncesi çocuğun eğitiminde önemli bir yer tutar. Çocuklara çok yavaş olarak küçük dualar, şükür cümleleri ve ilâhiler belletilmelidir. Ezberletilen bu dualar, onların Allah'a yaklaşmalarını sağlayacaktır. (Ay, 1999: 41)

2- Son Çocukluk Dönemi (7-12 yaş grubu)

Bu dönemde dinî eğitimle ilgili en ciddî uyarı Hz. Peygamber Efendimizden gelmektedir. Hz. Peygamber (A.S.V.): "Çocuklarınız yedi yaşına geldiğinde, onlara namaz kılmayı öğretiniz" (Ebu Dâvud, Salât: 25) demektedir.

Hz. Peygamber bu hadisinde, yedi yaşının öğrenme dönemi olduğunu, çocuğun artık dinî ibadetleri bilmesi ve yapması gerektiği ifade etmektedir.

O halde yedi yaşından itibaren namaz gibi İslâm dininin en önemli ibadetinin nasıl yapılacağı, sûreleri, duaları ve kılınış şekliyle çocuklara öğretilmeli ve çocuktan bu ibadeti yerine getirmesi beklenmeli ve istenmelidir. Ancak burada önemli olan bir husus unutulmamalıdır. Son çocukluk devresinde de olsa çocuk yine "çocuk"tur. Çocuksu duyguların etkisi davranışlarına yansıyabilir. O nedenle çocuklara gerek ibadetlerle ilgili bilgilerin öğretimi, gerekse ibadetlerin yerine getirilmesi konusunda, İslâm'ın temel prensiplerini teşkil eden müsamaha, hoşgörü, sabır, sevgi ve şefkatle davranmalıdır. Böylece, çocuğun kalbi kazanılmalı, duygularına hitap edilmelidir. Zaman zaman teşvik ve takdir edilmeli, gururu okşanmalı, bazen maddî mükafatlarla ödüllendirilmelidir. Çocuğun namazı zorla değil, isteyerek kılması için alt yapıyı ebeveyni hazırlamak zorundadır.

Unutulmamalıdır ki, sağlam bir ibadet eğitimi, ileride şüphe döneminin daha kolay atlatılmasına yardımcı olur. İbadet hayatının, ergenlik çağında, çocukluktaki taklitçi unsurlardan arınmış, zengin bir muhteva ve derinlik kazanmış bir şekilde varlığını sürdürmesi beklenir. Güçlü bir eğitimden yoksun gençlerin, çevrenin olumsuz etkilerine fazlaca kapıldıkları ve ibadetlere küçümseyerek baktıkları gözlenmiştir. Çocukluk çağında camiye hiç ayak basmamış bir genç ya da yetişkinin, oraya girmeye çekinmesi, daha sonra oraya girmeye gerek görmemesi veya girdiği zaman orada var olanı görememesi mümkündür. (Ay, 1999: 45)

Çocuklara "Allah" Kavramı Nasıl Anlatılmalı?

Çocuklara Allah'ı anlatmak güç değildir. Güç olan, nasıl ve ne şekilde anlatılacağıdır.

Ahmet ŞAHİN

A- "Allah" Kavramı Çocukların İlgisini Çeker

Çocuk, zihninde; "Allah" kavramına karşı bir tasavvur ve kendine özgü bir yorum geliştirir. Çünkü, çocukları en çok meşgul eden ve ilgilerini çeken konu, şüphesiz Allah'tır. Onların Allah'ı bu denli merak etmelerinde, yaratılıştan getirdikleri inanç duygusunun tesiri olduğu gibi, çocukluk çağının bir vakıası olan, çocukların tabiatüstü kuvvet ve varlığa karşı duydukları temayülün de payı vardır.

Etrafını kuşatan fizikî ve sosyal çevreyi keşfetme ve tanıma arzusunda olan çocuğun önde gelen meraklarından biri de "kim tarafından yaratıldığı"dır. Diğer meraklarında olduğu gibi bu konuda da çocuk cevabı öncelikle anne ve babasından bekler.

Çocuk, 4 yaş dolaylarında Allah hakkında fikir yürütmeye başlar. Bu yaş çocuklarının Allah tasavvuru gelişim özelliklerine ve zihinsel kapasitelerine uygun olarak Allah'ı insana benzetme şeklindedir. 3-7 yaşları arasında Allah'ı "gökyüzünde oturan sakallı bir dede" şeklinde yorumlayabilir. (Yavuzer, 1999: 239)

5-6 yaş grubundaki çocuklar tarafından Allah çok tabiî olarak insanî vasıflarla tasavvur edilmektedir. Çocukların Allah hakkında kullandığı her sıfatın içerisinde fiziksel unsurlardan ve duyular âleminden bir şeyler bulmak mümkündür.

Bu yaşlardaki çocukların sebep-sonuç ilişkilerini tam olarak çözümleyemediklerini düşünecek olursak, çocuktan, dinin en temel kavramı olan Allah'ı bir yetişkin gibi algılaması da beklenemez.

5-6 yaşlarındaki çocuklar için büyüklük ve yükseklik mekânla sınırlıdır. Bundan dolayı olmalıdır ki, Allah tasavvurunda Ona uygun görülen mekân, çocuğun görebildiği en yüce ve ulvî mekân olarak gökyüzüdür. "Sence Allah nerede?" şeklinde düzenlenen bir soruya genellikle: "Bulutların üstünde, bulutların arasında, havada, uzayda, yıldızların ve ayın yanında, cennette." gibi cevaplar verilmiştir. (Ay, 1999: 92)

Çocukların büyük bir kısmı Allah'ın görülemez olduğunu kabul etmektedir. Ancak bu kabullenişin şartlı bir kabul olduğunu görmekteyiz. Çocuklar genelde yukarıda ve uzak bir yerde olduğu için Onun görülemeyeceğine inanmaktadırlar.

Çocukların çok azı: "Allah kalbimizdedir, onun için göremiyoruz." ya da "O, büyük bir güçtür." şeklinde düşünmektedir. Bu düşünce çerçevesinde Allah, ilâhî bir varlıktır ve ancak insanlara yaptığı yardım ve fiilleri sayesinde tanınıp bilinir.

Çocuklara göre, Allah'ın çocukları sevme sebebi, annelerinin onlardan bekledikleri ile yakından ilgilidir. Yani tıpkı annelerinin istediği gibi, Allah da onlardan yemeklerini yemelerini, akıllı uslu durmalarını beklemekte ve onun için sevmektedir.

O halde Allah'ın kendisini zaten sevdiğine bütün kalbiyle inanan çocukların bu inançları yeri geldikçe kuvvetlendirilmelidir. Bilhassa hayatın ilk yıllarında diğer sevgi çeşitlerine göre önem kazanan himayeye dayalı sevgi çeşidi, çocuğun sağlıklı ilişkiler kurmasına yardım eder. Her zaman yanında olan "Yaratıcı"nın cı"nın aynı zamanda onu tüm kötülüklerden de koruduğunu bilmesinde fayda vardır. Aslında dinî duygunun nüvelerinden biri sayılan bağlanma duygusu çocuklarda mevcuttur. "Allah'ı sevdiğimiz için O da bizi sever." veya "Bizi koruduğu için Allah bizi sever" şeklindeki cevaplarının iyi tahlil edilmesi, bizi çocukların sevecekleri ve bağlanacakları dost bir Allah'a inandıklarını kabule sevk eder.

Çocuklar temelde Allah'a karşı dostça hisler besledikleri hâlde, bazıları Allah'tan korktuklarını ifade etmişlerdir. Allah'tan korkma sebeplerinin başında; yaramazlık yapanların, annesinin babasının sözünü dinlemeyenlerin cehenneme atılacağı gelmektedir. Allah'ın çarpabileceği, herkesin ondan korktuğu, insanları taşa çevirebileceği ise diğer sebeplerdir. (Ay, 1999: 102-103)

Bunun yanında, Allah'tan korkanların korku ifadelerine ailelerden gelen dinî öğretilerin yansıması olduğu aşikârdır. "Allah'ın insanı taş yapması"nı ya da "çarptığını" kalıp cümleler olarak büyüklerden öğrenen çocuklarda, edinilmiş ve tabiî olmayan bir Allah korkusu vardır.

Çocuğun Allah korkusu yerine, Allah sevgisi ile yetişmesi gerekmektedir. O, Allah'ın; seven, koruyan, hoşgören, affeden, cezadan çok ödüllendiren bir varlık olduğunu öğrenmelidir.

B- Çocukların "Allah" Kavramıyla İlgili Sorularına Nasıl Cevaplar Verilmeli?

Çocukların, Allah kavramıyla ilgili olarak birçok sorusu vardır. Çocuk, bu bilinmezlerle ilgili doyurucu cevaplar istemektedir. Anne ve babalar, çocukların bu tür sorularını dikkate almalı ve çocuğun anlayacağı bir dille anlatmalıdır.

Dikkate almayan, geçiştirilen ve zaman zaman da azarlanan

veya "Büyürsen anlarsın" gibi cevaplar alan çocuğun zihninde bilinmezler artar, merakı endişeye döner ve kendisini korkular içinde bulabilir.

Çocukların Allah, din, ahiret, ölüm... gibi konulara ilişkin sorduğu her soru ciddiye alınmalıdır.

Bunlarla ilgili bazı örnekler sıralayalım:

1) "Allah niçin görünmüyor?" sorusuna;

"Allah çok büyüktür. Onun gözleri de büyüktür, hepimizi görebilir. Biz ise Ona göre çok küçüğüz, gözlerimiz de küçüktür, bunun için Onu göremeyiz." cevabı verilebilir.

2) "Allah'ın evi var mı? Varsa nerede?" sorusuna karşılık şöyle cevap verilebilir:

"Her yer onun evidir. O her yerde gezer dolaşır. Herkesi görür, her şeyi işitir. Ama bizim gözlerimiz çok küçük olduğu için onu, onun evini ve nerede olduğunu göremeyiz."

3) "Allah herkesi döver mi?"

Bu soruya ise: "Allah çok merhametlidir. Kimseyi dövmez, o herkesi sever. Doğru ve faydalı işler yapanlara yardım eder. Yalnızca çok kötü işler yapanları cezalandırır." cevabı verilebilir.

4) "Allah neden annemi veya babamı öldürüyor?"

Çocuklara "ölüm" gerçeğini anlatmak için de şöyle bir yol izlenmelidir:

"Allah insanları yaratır, dünyaya gönderir. Her gönderdiği insana da bir ömür biçer. Ancak bu ömrün ne kadar süreceğini, kullarına söylemez. Verdiği ömür bitince de, alıp ahirete götürür. Ahirete giden anne veya baba, Allah'ın sevgisi altında rahat etmektedir. Senin de ömrün bitince, Allah seni de ahirete götürüp anne ve babanla buluşturur. Yalnız Allah'ın dediğini yaparsan, iyi kul olursun. İyi kul ise, ahirette, cennette anne ve babasıyla daimî olarak birlikte olur; güzelce yaşar.

Çocukta Dinî Duygu ve İmanın Ruh Sağlığı Açısından Önemi

Çocukta dinî duygu ve inanç kavramı ne kadar güçlü olursa, o kadar kendini güçlü hisseder.

David HEKKER

A- Çocukta Dine Karşı Bir Eğilim Vardır

Son zamanlarda yapılan din psikolojisi araştırmaları, çocuğun ruhen dine yabancı olmadığını, bilâkis onun da kendine göre bir dinî inancının olduğunu ispatlamıştır. Aynı şekilde pedagojik tecrübeler de çocukta büyük bir dinî potansiyelin varlığını ortaya koymuştur. (Vergote, 1988: 315)

Çocukların Allah inancı ile karşılaşması çok küçük yaşlarda başlamaktadır. Çocuğun dinî inançlarla karşılaşması kendisine oldukça duygusal bir zenginlik kazandırmaktadır. Bu onun Allah ve din ile ilgili hususları öğrenmek için gösterdiği özel ilgiden daha iyi anlaşılabilir (Yavuz, 1983: 27). Yapılan anketler sonucunda çocuğun dine karşı canlı bir ilgi duyduğu, merakla Allah'ı öğrenmek ve anlamak istediği, küçük yaşlardan itibaren dua, namaz gibi dini pratiklere karşı istek duyarak, bir yandan bunları denemeye çalışırken, öte yandan dini konulara karşı sonsuz bir öğrenme özlemi içinde bulunduğu öğrenilmiştir.

Yine yapılan araştırmada çocukların en çok Allah'ı merak ettikleri ve bütün ilkokul dönemi boyunca zihnî ve ruhî güçleri çerçevesinde Onu düşündükleri ve anlamaya çalıştıkları ortaya ya çıkmıştır. Onlar başta Allah'ın zatı, fiilleri, yaratması ve yarattığı varlıklar ile ilgilenmektedirler.

Çocukların bu şekilde bir inanca sahip olmalarında birçok faktörün etkisi vardır. Bunlar fıtrat, kolay inanırlık, dinî hazırlık ve uyumdur.

Çocuklar Allah'a inanmak için ilgi, eğilim, arayış ve özlemlerini daha küçük yaşlardan beri dışarıya yansıtmaktadır. Onlar Allah'a inanırken, itiraz etmeden, kuşkulanmadan, nedenini araştırmadan inanmaktadırlar. Ancak şurası ifade edilmelidir ki, çocuk dininin karakteristik özelliklerinden birisi de dinî gelişmenin henüz tam şekillenmemiş ve belli prensiplere ulaşmamış olmasıdır. Buna rağmen çocuğun inancının tabiî olduğu da gözden kaçırılmamalıdır. (Yavuz, 1983: 41)

Çocukta dinî duygunun önemiyle ilgili olarak son yıllarda Batı'da yapılan çalışmalarda da önemli sonuçlara ulaşılmıştır.

Batılı psikologlar, tarafsız ve önyargılardan uzak bir şekilde yaptıkları araştırmalar sonucunda dinin çocuğun ruhuna seslendiği ve onun ruhî yapısına uygun düşeceği görüşünde birleşmişlerdir. (Yavuz, 1983: 39)

Kur'ân'da: "Yüzünü doğru bir din olan İslâm'a, insanların fıtratına uygun olan dine çevir." buyurularak, insanın dini kabullenmeye yetenekli bir tarzda yaratıldığına işaret edilmiştir. (En'âm, 6/75-80)

Son devrin ünlü müfessiri Elmalılı M. Hamdi Yazır, bu konuyla ilgili olarak, Rûm Sûresi'nin (30-45) ayetlerini şu şekilde yorumlamaktadır: "İnsanın, insan ruh ve zekâsının aslı, fıtratı, hakkı tanımak ve hak yaradanından başkasına kul olmamak içindir. O, her ferdin ruhuna bir hak duygusu ve Allah'ı bilme gücü yerleştirmiştir." (Yazır, 1978: VI, 3824)

Burada Hz. Peygamber'in fıtratı konu alan hadislerinden de söz etmeliyiz. Bu hadislerin ortak manasını ele aldığımızda şu ifadeleri buluruz:

"Her çocuğu, annesi İslâm fıtratı üzere dünyaya getirir. Onun bu hâli, konuşma çağına kadar devam eder. Sonra ebeveyni onu Hıristiyan, Yahudî, Mecusî (ateşperest) veya müşrik yapar. Eğer anne babası Müslüman iseler, çocuk da Müslüman olur."

Bu ifadeler aynı zamanda, inancın teşekkülünde rol oynayan iç ve dış (ırsî ve çevre) faktörleri de açık bir şekilde ortaya koymaktadır. (Ay, 1999: 78)

Sonuç olarak fıtrat; insanın doğuştan tabiî olarak Allah'a inanmaya yetenekli ve dinî inancı kabul etmeye elverişli bir yaratılışta olduğu anlamına gelmektedir. Zira çocuk iyiliğe ve kötülüğe elverişli olduğu gibi doğruya ve yanlışa inanmaya da yetenekli bir yaratılışa sahiptir. (Bayraktar, 1984: 19-24)

B- Çocukta İnanç Bir İhtiyaçtır

Çocukların küçük yaştan itibaren dine karşı ilgi ve istek duydukları, yapılan araştırmalarla ortaya konulmuştur. Onlar başlangıçta dinî kavramların muhtevasını anlayamazlarsa da (Özbaydar, 1970: 7) dualar ve ibadetlere karşı ilgileri yüksektir. İbadet edenleri merakla seyrederek, onları taklit ile dini pratikleri denemeye çalışmaları, çocuklardaki ilgi ve isteğin ifadesidir.

Her ne kadar öğrenim hazırlığı ve imkânına göre ilgi ve isteklerin ortaya çıkmasında farklılıklar gözleniyorsa da bunların yedi yaşından önce uyanmaya başladığı bir gerçektir. (Yavuz, 1983: 45) Genellikle yedinci yaştan sonra çocuklardaki dinî ilgi ve isteklerde yayılma görülür. Bu yaşlardan itibaren çevre ve kültürel etkenlerin tesiri, zihin ve dikkatin yardımı, gittikçe artan duygusal bir cazibe ile çocukta dış dünyaya ve dinî konulara karşı büyük bir merak gözlenmektedir. (Yavuz, 1983: 79) Zaten yedinci yaştan evvel çocuğun böyle bir ilgi ve istek atmosferine girmesi düşünülemez; çünkü henüz o, mantıkî yönden muhakeme yapabilecek seviyeye gelmemiştir (Özbaydar, 1970: 12). Bu itibarla, dinî ilgi ve istekler ancak yedi yaşlarından itibaren "şuurlu" bir şekilde ortaya çıkar denilebilir.

Çocukta, kendisine yardım edecek ve onu koruyacak "sonsuz bir kuvvet" arayışı vardır. Çocuk sahip olduğu bitmez tükenmez merak duygusuyla henüz isim takamadığı, fakat zamanla öğreneceği ilâhî kuvveti durmadan arar (Yavuz, 1983: 40). Çocukta görülen bu arayış ondaki ihtiyacın bir ifadesidir. Zira çocuğun birtakım temel ihtiyaçları vardır. Emniyet, güven, dayanma, korunma, sığınma, kabul görme, teslim olma, sevilme bu ihtiyaçlardan en önemli olanlarıdır. (Baymur, 1984: 58)

Çocuklarda Allah'a inanma isteği genellikle vazgeçilmez bir istek olarak ortaya çıkmakta ve onlar Allah'ı gerçek ve kaçınılmaz bir sığınak, dayanak ve emniyet kaynağı olarak kabul etmektedirler (Yavuz, 1983: 130). Çünkü yaşantıları içinde çeşitli sınırlılıklarını ve gerçekleşmeyen isteklerini gören çocuklar, yüce bir kuvvete dua etmeyi kolaylıkla kabul etmektedirler. Çocuğun Allah'a inanma isteği pek tabiî olup, bu istek onun içten gelen bir ihtiyacını karşılamakta ve inanma isteği âdeta çocuğun iradesi dışında oluşup gelişmektedir. Aslında her çocuk, kendiliğinden gelen bir duygu ve güvenme, bağlanma ve sığınma eğilimi göstermektedir. Esasen çocuk, ailesinde otorite, korunma, bağlanma, güvenme, sığınma, dayanma ve emniyetin ne olduğunu öğrenmektedir; ve o bunları yaşı ilerledikçe, hayat tecrübeleri çoğaldıkça, her geçen gün ölümün ve hayatın manasını öğrendikçe, daha iyi anlayacaktır. (Yavuzer, 1983: 154)

Bütün bu ifadeler, çocukların eksikliklerini, zayıflıklarını hissettiklerini, bunun farkına vardıklarını ve neticede her şeyi yaratan Allah'a inanma ve güvenme ihtiyacını duyduklarını göstermektedir.

C- Çocuklarda İnancın Ruh Sağlığı Üzerindeki Etkileri

Modern toplumlarda görülen ruhî bozukluklar ve sinir hastalıkları, genellikle ümidini ve manevî desteğini kaybeden inançsız ve ümitsiz insanlarda ortaya çıkmaktadır. İntiharların yüzde yüzde 95'i de aynı şekilde, inançsız ve manevî desteğini kaybedenler arasında görülmektedir. (Pazarlı, 1972: 196)

İman sahibi kimselerin ruhî yönden huzurlu olmalarını, bizzat iman sağlamaktadır. Çünkü iman, kelime manası itibariyle de "kalbe emniyet, huzur ve sükûn vermek" demektir (Ay, 1999: 144). Bazı durumlarda din, felâketi bile acı taraflarından tecrid edebileceği ve adaletsizlikten ıstırap çeken insanları sevgi ve ümide götürebileceği gibi, Allah'a iman da insana çeşitli zorluklara karşı dayanma gücü verecektir. (Ayhan, 1981: 63)

Aynı şekilde çocuk, Allah'a inanmakla kendini güçlenmiş ve Ona yakınlaşmış hissetmektedir. Allah'ın, kendisini her zaman koruyacağına ve suçlarını affedeceğine inanmak çocuğa büyük bir rahatlık ve huzur vermektedir. Böylece çocuk hayatı iyi, güzel ve yaşamaya değer bulmakta ve o nispette yaşama gücü artmaktadır.

Hayır ve şerrin Allah'tan geldiğine inanmak, sonsuz bir dayanma gücü demektir. Sonsuz kudret sahibi bir varlığa inanan, olayların Onun iradesi ve yaratmasıyla meydana geldiği inancında olan bir kimse, içinde büyük bir ümit ve dayanma gücü bulacaktır. İman gücü sayesinde ümitsizliğe düşmeyerek, kurtuluş çareleri arayacaktır. İmanın sağlayacağı moral gücü ile her durumda dengeli, başarılı ve ümitli olmanın iç huzurunu duyacaktır. (Ayhan, 1981: 63)

Sağladığı ruhî huzur yanında, Allah'a iman, eşya ve olaylara bakışta da insana birtakım faydalar sağlamakta ve davranış tutarlılığına olumlu katkılarda bulunmaktadır. Ölen yakını için yararlı işlerde bulunmasından dolayı Allah'ın onu bağışlayacağına inanmak, çocuk için büyük bir teselli olmaktadır. (Ayhan, 1981: 110)

Çocuklara Din ve İbadet Sevgisi Nasıl Kazandırılmalı?

Çocuğa güzel bir isim ve terbiye verilmesi, onun anne ve babası üzerindeki haklarından biridir.

Hz. MUHAMMED (a.s.m.)

A- Din ve İbadet Eğitiminin Önündeki Engeller

Birçok aile, çocuklarına din duygusu ve ibadet sevgisi kazandırmak isterken bir denge kuramamakta ve dolayısıyla da amacına ulaşamamaktadır. Ya çocuğa seviyesinden fazla bilgiler yükleyerek çok fazla başarı beklemekte ya da alabildiğine ilgisiz ve rahat yaklaşımıyla vermek istediği konularda başarılı olamamaktadır.

Çocuğa dinî bilgi ve ibadet duygusu verilirken, çocuğun yaşı, psikolojik durumu ve algılama seviyesi çok iyi hesaplanmalıdır.

Çocuğun gelişim özellikleri bilinmeden ve ilgisi hesaplanmadan verilecek olan dinî bilgi ve ibadet eğitimi istenilen sonuca ulaşmayacaktır.

B- Din ve İbadet Sevgisi Nasıl Verilmeli?

Çocuklara kalıcı bir din duygusu ve ibadet isteği kazandırmak için şöyle bir yol takip edilmesi uygun olur:

1) Anne ve baba olarak çocuğunuzun gelişme özelliklerini, algılama biçimini, ilgi alanını çok iyi gözleyin. Bu gözlemler sonucu, nereden ve nasıl başlayacağınıza karar verin.

2) Çocuklarınıza din duygusunu ve ibadet eğilimini kazandırmak istiyorsanız, öncelikle kendiniz yaşantınızla din duygusunu ve ibadet sevgisini sergileyin. Çocuğunuz sizi gözleyerek, anlattığınızı çok iyi anlasın ve size özensin.

3) Çocuğunuzla çok iyi diyalog kurup, onu ürkütmeden, azarlamadan ve baskı altına almadan telkinlerde bulunun. Çocuğa zorla ibadet yaptırmaya kalkışırsanız, hem başarılı olamazsınız, hem de çocuğunuzu daha çok soğutursunuz.

4) Çocuğunuzun Allah, ahiret, ölüm gibi size yönelttiği soruları fırsat bilerek, ona, Allah'ın büyüklüğünü, sevecenliğini, cennetin güzelliklerini, ibadetlerin huzurunu ve Kur'ân okumanın sevabını anlatın. Çocuğun bu şekilde ilgi ve isteği uyanır.

5) Çocuklarınıza anlattığınız hikâye ve kahramanları, adaletli, dürüst ve Allah'ın çok sevdiği Müslüman kahramanlardan seçin. Bu şekilde çocuk, o kahramanla kendi hayatını özdeşleştirmeye başlar.

6) İbadetlerin nasıl yapıldığını tarif edin, kısa sûreler, dualar ezberletin ve başarılı olunca da onları ödüllendirin.

7) Çocuklarınıza sık sık, kötülüklerden kaçmaları, iyiliklere yönelmeleri yönünde olaylar anlatın, onlara somut deliller gösterin.

8) Çocuklarınıza, Allah'ın insanı her an gözlediğini, suçlarını ve cevaplarını da meleklerin yazdığını anlatın. Çocuk, kendi başına kaldığı zaman da kendi kendini kontrol etmeyi öğrensin.

9) Çocuklarınızı olumsuz çevreden ve zararlı arkadaştan uzak tutun. Eğer bu konuda titizlik göstermezseniz, sizin vermeye çalıştığınız güzel şeyler bir çırpıda silinip gider.

10) Çocuklara, bu kâinatın ve bu dünyanın insan için yaratıldığını, binlerce nimetlerin insan için verildiğini, gecenin gündüzün, mevsimlerin insana hediye edildiğini, ama bütün bunca nimetlere karşı da insanın bir kulluk borcu olduğunu anlatın.

11) Çocuğa, nuranî varlıklar olan melekler hakkında anlayabileceği ölçüde bilgiler verilip, meleklerin insan için koruyucu, haberci ve birçok "kendilerine özel" vazifeleri olduğunu, buna da iman etmek gerektiğini bildirin.

12) Allah'ı, Peygamberi ve iki dünyaya ait bütün bilgileri öğrenebileceğimiz, bütün meselelerimizin hâl çarelerinin mevcut bulunduğu bir "ilâhî kitap" vardır. O da Kur'ân'dır. Bundan önceki kitapların hükmü Allah tarafından kaldırılmıştır. Öyleyse Kur'ân ile birlikte yine Allah tarafından Kur'an'dan evvel indirilen "Hak ve doğru kitaplara" ya da sahifelere iman etmek gerektiğini söyleyin.

13) Elçisiz hiçbir şey öğrenilmez. Rehbersiz hareket edilmez. Öyleyse insanın "yol ve yön göstericisi" peygamberlerdir ki, onlar da Allah'ın elçileridir. İşte Allah tarafından görevlendirilen bütün peygamberlere de inanmak gerektiği hususunu işleyin.

14) Her şey fânidir. Baki olan Allah'tır. İşte insanlar Onun misafirhanesi olan şu fâni dünyasındadırlar. İnsanların asıl vatanları ahirettir. Müminlerinki cennet, mümin olmayanlarınki cehennemdir. Ahiret inancını, öldükten sonra dirilmeyi çocuğa izah edin.

15) Allah'ın daha mahlûklarını yaratmazdan evvel ezelî olan ilmi ile olmuş ve olacak her şeyi bilmesi ve bunların Allah katında malûm olması anlamına gelen "kader"e iman hususunda da, çocuğunuzu bilgilendirin.

16) Ahlâkî faziletlere karşı önce çocuğun duygu ve düşüncelerini güçlendirmek gerekir. Meselâ "güçsüze yardım etme duygusu"nu geliştirmeyi düşünün. Güçsüz kavramından, "fakir, sakat, yaşlı, çocuk, dul, yaralı bir insan, hayvan, bitki... vb." anlaşılması gerektiğini ifade edin.

17) Dinî gün ve geceleri, çocuklarınızla birlikte ihya edin. O havayı onlar da hissetsin. O geceler vesilesiyle çocuklarınıza hediyeler alın, onları sevindirin. Bu şekilde ilgileri artsın.

18) Büyüklere saygıyı ve küçüklere sevgiyi öğretin, dost ve akraba ziyaretlerini birlikte yapın, zaman zaman kabristana götürüp çocuğa ahiret inancını ve ölüm gerçeğini kavratın.

19) Çocuklarınıza din ve fen ilimlerini birlikte verin. Aklı fen ilimleriyle aydınlanırken kalbi de din ilimleriyle nurlaşsın. Bu şekilde ne taassuba düşer, ne de inkârcı olur.

20) Hurafelerden, batıl bilgilerden, hayalî kişilerden çocuğunuzu koruyun; ona İslâm'ın gerçek yüzünü gösterin.

21) Bir öncü, bir rehber ve İslâm'a mâl olmuş yüce kişileri tanıtın, onların hayatından örnekler sunun. Çocuk böylece, o kişilere bir özenti ve ilgi duyar.

22) Çocuklarınızı devamlı "Allah" ile korkutmayınız. Nitekim Allah ne korkutulacak ve ne de korkulacak bir varlık değildir. Bilakis Allah'a sevgi ile ulaşılır.

23) Çocuklarınıza devamlı: "Eğer yaramazlık ve haylazlık yaparsanız, Allah sizleri cehenneme atar." gibi telkinlerde bulunmayın.

24) Çocuklarınıza önce cenneti sevdirin, cennetin nimetlerini detaylıca öğretin.

25) Çocuklarınızı camiye ve cemaate alıştırmaya ve ısındırmaya çalışın. Onları, din ve dindarlıktan soğutmamak için her türlü meşru yolları deneyin.

26) Çocuklarınızı eğitirken hoşgörü ortamında bulundurun. Bu şekilde çocuk hem İslâm'ın hoşgörüsünü anlar, hem de hoşgörülü davranışları öğrenir.

27) Çocuklarınızı yalanla tanıştırmayın. Bu mevzuda onlara sakın kötü örnek olmayın. Onlara karşı yapamayacağınız, yerine getiremeyeceğiniz, altından kalkamayacağınız vaatlerde bulunmayın. Kendinizi hiçbir zaman yalancı durumuna düşürmeyin. Bu şekilde size güvenmeli ki, söylediğinizi yerine getirsin.

Özet olarak; çocuğunu iyi keşfeden, değerlendiren ve gözleyen anne babalar, ona, dinî bilgileri ve ibadet duygusunun nasıl verileceğini de iyi tespit etmiş olurlar.

Anlattıklarınız ve telkinleriniz, çocuklarınızın seviyesine uygun ve onların ilgi alanına giriyorsa, sonuç alırsınız demektir. Yoksa, zorlamayla çocuğa bir şey kazandıramazsınız.

Çocuğa dinî bilgi ve ibadet hissi kazandırmak için, kendinizin bu duygu ve davranış içinde olmanın gerektiğini de unutmayın.

Çocuklarınız İçin Yapmanız Gereken Davranışlar?

Çocuklarınıza yapmanız gereken davranışları özenle seçin. Sonunda yaptığınız sizin de hoşunuza gitmeli ki çocuğunuz da beğenebilsin.

Makbule ERTUĞRUL

A- Davranışlarınızı Özenle Seçin

Huzurlu bir aile ortamı, mutlu bir yaşantı ve sağlıklı çocuklar için, anne ve babaların yapmaları gereken çok önemli görevler vardır. Bunların başında, anne ve babaların olumlu davranışları, bilinçli yaklaşımları ve özenli hareketleri gelir.

Anne ve babalar, çocuklarına karşı uyanık ve dikkatli olmak zorundadırlar. Onları sürekli izlemeleri, yanlışlıklarını düzeltici telkin ve davranışta bulunmaları gereklidir.

Çocuklarda olumlu, düzenli ve sağlıklı davranışların oluşması için, anne ve babaların yapmaları gereken önemli işleri vardır.

B- Yapmanız Gereken Davranışlar Nelerdir?

1) Çocuğunuzu sürekli sevin, onu okşayın, **"evin gülü, bir tanesi"** gibi, çok önemli olduğunu ona söyleyin. Bu, çocuğu çok mutlu eder ve size bağlar.

2) Yapacağınız her olumlu davranışın, çocuğunuzun ruh sağlığı üzerinde önemli bir etki yapacağını unutmayın.

3) Çocuğunuzun küçük başarılarını anlamlı hâle getirin ve takdir edin. Bu, onu hem çok mutlu eder, hem de başarısının sürdürülmesine neden olur.

4) Çocuğunuzun başarısızlığını gördüğünüz zaman onu eleştirmek yerine: **"Eminim ki bu seferlik bu konu gözünden kaçmış olmalı; ama artık o yanlışı düzelteceğine inanıyorum."** diyerek onu yüreklendirin.

5) Anne baba, çocuklarına karşı bilinçli, ortak ve uyumlu hareket etmelidirler. Birisinin davranışına diğeri ters düşmemeli, birinin sözünü diğeri yalanlamamalıdır.

6) Çocuğunun bir hatasından dolayı onu ikaz etmek gerektiği zaman anne ve baba birlikte üzerine gitmeyip, münasip ve yumuşak bir tavırla ikisinden biri o ikazı yapmalıdır.

7) Çocuğa karşı seven sevmeyen, kollayan kollamayan gibi ayrıma gidip, farklı taraflarda yer almayın. Biriniz kollar, diğeriniz savunursa, çocuk ikilemde kalır, bundan dolayı birinizi sevme, diğerinizi sevmeme gibi bir ayrıma gidebilir.

8) Çocuk bir hata yaptığı zaman çok üzüldüğünü gördüğünüzde, **"her çocuğun hata yapabileceğini"** söylemeniz yerinde olur.

9) Hatayı yapan çocuk, sürekli hata yapabileceği korkusu ve paniğiyle hata yapmaya devam edebilir. Bu durumda çocuğunuza sahip çıkın ve onu sakinleştirmeye, anormal bir şey olmadığına inandırmaya çalışın.

10-) Çocukların, kendilerinden ve geleceklerinden emin olmaları ve mutlu bir hayat sürmeleri için, büyüklerine güvenmeleri ve ailelerinde her şeyin yolunda gittiğine inanmaları lâzımdır. Çocuğa bu umudu vermek için özel bir gayretiniz olmalıdır.

11) Çocuklara oyun oynamaları ve enerjilerini harcamaları için uygun ortamlar oluşturun. Çocuğu sürekli ikaz edip, bir tarafa hapsetmek, ona yapılan en olumsuz davranıştır.

12) Çocuğunuza bazı şeyleri yapması için şans tanıyın. O zaman kendine güven duymasını artırmış olursunuz. Şayet çocuğunuz kendi başına bir şey yapmayı sizin şans tanımanızla yerine getirdi de başarılı olamadı ise, o zaman ona: **"Mümkün olan bunu senin denemiş olman idi. Ben bu yaptığından razıyım."** deyin. Eğer başarılı bir iş yapacak olursa o zaman övgünüzü gizlemeyin.

13) Çocukların ilgi alanlarını tespit edin, o alanla ilgili yapacağı çalışmaları destekleyin ve başarıları için onu cesaretlendirin.

14) Okuma ve zamanını iyi kullanma alışkanlığı kazanması için yardımcı olun, yol gösterin.

15) Çocuğunuza vatan ve millet sevgisini, hakkın ve hukukun önemini, helâl haram kavramlarını ve inanç değerlerini kazandırmaya çalışın. Bunlar verilmediği takdirde, kişinin ruh sağlığı açısından gelişimi eksik kalır.

16) Çocuklarınıza söylediğiniz ile davranışlarınız arasında bir uyum olmasına dikkat ediniz. Sözünüz ve davranışlarınız ters düşerse, çocuğun gözünde güven kaybedersiniz.

17) Çocuklarınız arasında son derece hassas ve adil olmaya özen gösterin. Çocukların en çok üzüldüğü konuların başında, tercih edilmeme veya göz ardı edilme gelmektedir.

18) Çocuğunuzun çok sevdiği sözü ve davranışı sık sık sergileyin, beğendiği şeyleri alın. Bu, aranızda son derece anlamlı bir ilişki doğurur.

19) Aşırı baskı ile aşırı hoşgörü arasında bir denge oluşturun.

20) Anne baba olarak, çocuklara olan davranışlarınızın ne kadar verimli veya ne kadar eksik ve zararlı olduğu konusunda zaman zaman değerlendirmeler yapın.

Çocuklarınızın davranışlarına bakarak, kendi davranışlarınızın durumunu belirleyin. Çocuk olumsuz davranışlar sergiliyorsa, kendi davranışlarınızı gözden geçirin. Eğer olumlu davranışlar içindeyse, rehavete kapılmadan, çalışmalarınızı sabırla ve özenle sürdürün.

Çocuklarınız İçin Yapmamanız Gereken Davranışlar?

Çocuklarınıza neleri yapmamanız gerektiğini düşünün. Öncelikle de kendinize yapılmaması gerektiğinden başlayın.

Prof. Dr. Refik TURAN

A- Çocuklara Karşı Dikkatli Olun

Bir ailede anne baba ve ailenin diğer büyüklerinin, davranışlarına çok dikkat etmek zorunda olduklarını bilmeleri gerekir.

Ailede yaşayan çocuklar, her davranış tipini kopya etme gibi bir geleneğe sahip oldukları için, sergilenen davranışlar da önem kazanmaktadır.

Bir anne babanın, çocuğuna iyi örnek olmak ve ona güzel davranışlar sunmak için neleri yapmamaları gerektiği konusunda ortak bir takım çabaları olması gerekir. Bu konuda birbirlerini uyarmaları, teşvik etmeleri ve hatta kontrol etmeleri lâzımdır.

B- Bir anne baba çocuğuna karşı neleri yapmamalı?

1) Öncelikle asla yalan söylememeli, onu kandırmamalı ve at-

latmamalıdır. Yoksa çocuğun gözünde bir güvensizlik oluşur. Bunun sonucu da son derece olumsuz bir durumun ortaya çıkmasına neden olur.

2) **"Sen hiçbir şeye yaramazsın, senden adam olmaz, sen aptal bir insansın."** gibi aşağılayıcı ve horlayıcı sözler kullanmayın. Yalnızca yaptığının yanlış olduğunu söyleyin ve doğru olanı da ona gösterin.

3) Çocuğunuzu başkalarıyla kıyaslayıp: **"Sen neden onun gibi değilsin?"** diyerek aşağılamayın. Unutmayın ki, her çocuğun yeteneği ve kapasitesi farklıdır.

4) Evde kaybolan bir eşya veya parayla ilgili açıkça bilseniz dahi çocuğunuzu sorumlu tutup, ona **"hırsız"** muamelesi yapmayın. Yalnızca yaptığının iyi olmadığını, bir daha alırken haber vermesini söyleyin.

5) Kendi özel problemlerinizden dolayı çocuğun huzurunu kaçırıp onu üzmeyin. Çocuğa karşı her durumda güler yüzlü olmaya çalışın.

6) **"Sen ne yaramaz çocuksun! Sen baş belâsı oldun! Keşke olmasaydın!"** diye sözlerle, çocuğunuzu üzmeyin. O zaman çocuk ya kendi içine kapanır ya da aileden soğur ve uzaklaşır.

7) Çocuk bir şey yapmak istemediği zaman, büsbütün üzerine gidip onu zorlamayın. Ona birazcık zaman tanıyın.

8) Çocuklarınıza asla küfür, horlayıcı ve aşağılayıcı sözler sarf etmeyin. Bu sözlere çocuk da alışır, o da kendi arkadaşlarına sarf etmeye başlar.

9) Çocuğunuza asla şiddet kullanmayın. Onu dövüp sindirmeyin veya bir başka şekilde korkutmayın. Korkuya alışan çocukların ruh sağlığı bozulur, siner ve kişiliğini bulamaz.

10) Çocukların yanında tartışmayın ve kavga etmeyin. Ailedeki huzursuzluk, çocuk üzerinde olumsuz etki yapar.

11) Çocuklarınızın yanında birilerini kötüleyip, düşman ilân meyin. Çocuk düşmanlık duygularıyla beslenmesin.

Özet olarak; anne ve babalar, çocuklarına söz ve davranışlarla kötü örnek olarak, onları olumsuz davranışlar içine itmemeli. Eğer böyle yaparlarsa, çocuklarından şikayet etmeye hakları kalmaz ve bu işin sorumlusu kendileri olurlar.

Çocuk Eğitiminde Hoşgörüyü Esas Alın

Hoşgörünün egemen olmadığı hiçbir eğitim başarıya ulaşamaz. Hoşgörüsüz çocuk eğitimi ise, hiç düşünülemez. Hoşgörüyü temel yapmayan aileler, karşılarında hoşgörüsüz bir evlât bulurlar.

Prof. Dr. Atalay YÖRÜKOĞLU

A- Çocuğu Hoşgörüyle Eğitmek

Çocuk eğitimini hoşgörü metotlarıyla yürüten aileler, çocuklarını topluma kazandırmada ve onlarda kalıcı bir kişilik oluşturmada güçlük çekmemişlerdir. Hoşgörü "karşılıklı anlayış, olayların iyi tarafını görme, hayata müsamahalı bir disiplin anlayışı getirme" (Yüksel, 1998: 91) olarak bilinmektedir.

Anlayış içinde disiplinin, uzlaşma içinde ahengin ve af içinde cezanın birlikte ele alındığı hoşgörü ile çocuklara karşı **"duruma göre uygun davranış"** (Erbil, 1998: 26) sergilemek gerekir.

Son yıllarda, yeni yetişen çocukların "uyum problemleri" yaşadıkları, kurallara uymadıkları, aileyle kavgalı duruma düştükleri yolunda (Yüksel, 1997: 91) sık sık şikâyetler duyulmaktadır.

Bu konuda yapılan çalışmalarda, "uyum problemleri"ni ortaya çıkaran sebeplerin başında, anne babanın yanlış davranışlar lar sergilemelerinin (Yavuzer, 1997: 48) geldiği görülmüştür.

Çocukta eğer bir davranış bozukluğu oluşmaya başlıyorsa, anne baba çocuğa karşı yaklaşımlarını ve davranışlarını yeniden gözden geçirmek zorundadır. Çünkü, çocuğu yanlış davranışa iten sebeplerin başında, anne ve babanın yanlış yaklaşımları yer almaktadır.

Çocuğun hareketlerinin oluşmasında sevginin önemi büyüktür. Hem aile ortamında hem de okulda hoşgörü esas olmalıdır.

B- Hoşgörüyle Eğitmek İçin Neler Yapılmalı?

1) Hoşgörü havasının hâkim olduğu ailelerde büyüyen çocuklar arkadaşlarıyla, çevresiyle daha uyumlu, daha rahat ve daha girişkendir. Düşüncelerini rahat ve serbestçe söyleyebilme yeteneğini elde etmiştir.

2) Çocuk sevilmeli ve sevildiği kendisine hissettirilmelidir. Sevme ve sevilme, çocuğun en önemli ihtiyacıdır. Anne babasının ve çevresindeki insanların ona sevgiyle yaklaşması, sağlıklı gelişimi için şarttır. Sevgi çocuğun kendine güvenini sağlar.

3) Çocuk, sevildiğini bildiği bir ortamda güvenli hareket eder. Davranışları , konuşması, kendinden emin hareketleri, başarılı oluşu, kurduğu arkadaşlıklar bunun en büyük kanıtıdır. Çocuk sevmeyi ancak başkaları tarafından sevilerek öğrenir. Bu sayede insanlara karşı sevecen ve sempatik tavırlar sergiler. En önemlisi insanları sever. Bu da çocuğun insanlarla olan ilişkisini daha güçlendirir.

4) Sevgi, her türlü engeli aşabilecek güce sahiptir. Sevilmediğini zanneden çocuk, uyumsuz olur ve yalnızlık duygusuna kapılır. Yalnızlığın olumsuz etkisiyle normalde kazanamadığı ilgiyi farklı bir yöntemle açığa vurup, dikkatleri üzerine çekme gayretine girişir. Tabiî bu durum, hem çocuk ve hem aile için iç açıcı değildir.

5) Çocuklarınıza sevgiyle yaklaşıp problemlerini dinlemezseniz, onlar da sizin bulduğunuz çözümleri dinlemeyeceklerdir.

6) Çocuklar zaman zaman sizleri kızdıracaklardır, canınızı acıtacaklardır, kırılacak eşyalarınıza zarar vereceklerdir. Bu durumda kendinizi kaybedip, çocukları rastgele "haşlayıp" tokatlamayın. Unutmayın ki, onlar birer çocuktur.

7) Çocuklarınıza verdiğiniz sözü yerine getirin. Onları kandırıp atlatmayın. Verilen sözün yerine geldiğini gören çocuk, doğru sözlü bir davranış elde etmiş olur.

8) Anne ve babaların olumlu, uyumlu ve anlayışlı ilişkileri, karşılıklı hoşgörüleri ve birbirlerine olan saygı ve sevgileri, çocuğun karakter gelişimine olumlu katkılarda bulunur. Kapalı ve huzursuz ailenin çocuğu, olumsuz davranışlar içine girer.

9) Kardeşler arasındaki dengeyi iyi koruyun. Çocuklarınızı birbirlerine karşı düşman etmeyin. Onlar birbirlerine karşı hakarette bulunduklarında onlara ses çıkarmamazlık etmeyin. Onların birbirlerine yaptıkları küfürleri duymamazlıktan gelmeyin. Veya suçun kimde olduğunu iyice araştırmadan hepsini birden dayaktan kırıp geçirmeyin.

10) Çocuklarınıza hiçbir zaman kötülükleri anlatmayın. Onlara kötüleri örnek olarak da tanıtmayın. Bu dünyada **"güvenilir, itimat edilir"** insanlar kalmadı gibi bahisler açmayın.

9) Çocuğunuza mutlaka zaman ayırın. Onun isteklerini karşılamaya çalışın. Bu şekilde size olan güveni ve özlemi artsın. Yoksa, bu özlemi dışarıda arayabilir.

10) Televizyon, video ve internet gibi araçları izlemesini belli kurallara bağlayın ve kontrol altında bulundurun. Yoksa, bu araçlar arasına sıkışır, biyolojik ve psikolojik olarak olumsuz bir şekilde etkilenebilir.

11) Anne babalar, çocuklarının birtakım hareketlerini hoşgörü ile karşılamalıdır. Çocuğa çok sert davranış zarar getirir. Çok

hoşgörü de şımartabilir. Ama ölçülü hoşgörü ve ölçülü disiplin lin mutlaka dengeyi kuracaktır. Ana baba bu ince çizgiye dikkat etmeli ve dozunu iyi ayarlamalıdır.

12) Çocukların yanlışları ve hataları özellikle onlara yumuşak yaklaşılarak ve gönülleri alınarak düzeltilebilir. Aksine bağırıp çağırma ve sertçe davranışlarda bulunma problemi çözmez, daha da ağırlaştırır.

13) Hoşgörülen çocuk hâl ve hareketlerinde belli ölçülerde bir rahatlık ve serbestlik sergileyecektir. Bu şekilde çocuk davranışlarını açıkta yapacak ve bir şeyi gizleme ihtiyacı hissetmeyecektir.

14) Ailelerde bireylerin esnekliği ve birbirlerini anlayış ve hoşgörü ile karşılamaları o ailedeki çocukların sevimli, cesaretli ve metanetli olmalarını sağlamaya yarayacaktır.

15) Çocuğun oyun isteğinde, ders çalışmaya bakış açısında, eğlenceye yönelişinde, çevresini seçişinde, arkadaş ve dostluk edinişinde de yine ana baba "hoşgörü"yü sırlı ve sihirli bir kaynak olarak kullanmalıdır.

16) Aileler çocuklarıyla ne kadar ilgilenir ve onların sorunlarına ciddî bir şekilde yaklaşıp çözüm üretebilirse, onlara emin bir gelecek, istikrarlı ve huzurlu bir dünya bırakmış olacaklardır. Bu şekilde çocuklar dünü dinleyecek ve bugünün yükünü omuzlayarak yarınlara uzanacaklardır.

19) Aile büyükleri çocuklarını **"içe dönük, içine kapanık"** ve sosyal münasebetlerden alıkoyacak bir şekilde sıkıştırmamalıdırlar. Bu mevzuda da yine hoşgörünün sihirli metotlarına başvurmalıdırlar.

20) Aileler çocuğun isteklerini dinlemeli. Çocuğun ihtiyaçları nelerdir, bilinmelidir. Çocuk iyi dinlenir ve iyi anlaşılırsa, emin olun, o çocuğa hoşgörü ile yaklaşmak sanıldığı kadar zor olmayacaktır.

21) Bir eğitimciye, bir idareciye, bir öğretmene ait ne kadar zel ve düzgün meziyet varsa bunların tamamı anne ve babada da bulunmalıdır. Yoksa **"insan idare etme sanatı"na ait bilgilerden, "insanı anlama"** yeteneğinden, **"insanı olgunlaştırma"** bilincinden yoksun ana babalar ne hoşgörü ne de müsamaha ile hareket edebilirler. Her zaman mağlûp olmanın acısını çekerler.

20) Hoş görülmeyen çocuk ileriki yıllarda evhamlı, telâşlı, korkak, pısırık, çekingen, içine kapanık, istenilmeyen vasıfları üzerinde bulundurabilen özellikte olacaktır. Buna meydan verilmemelidir. (Yüter, 1999: 191)

21) Yanlışlığa neden olan hareketler ancak bilgi ile düzeltilebilir. Bilgi insanı yanlış davranışlardan alıkoyduğu gibi sağlam bir karakter de kazandırır.

Çocuk eğitiminde, anlayışın, esnekliğin, sabrın, özet olarak hoşgörünün, insan ruhuna ve karakterine kazandıracağı en önemli meziyet, hoşgörüdür. Yani hoşgörünün meyvesi, yine hoşgörüdür. Hoşgörü kazanmış bir insan hayatta çok önemli başarılara hazır bir insan demektir.

Çocuklara Kendisini İfade Etme Şansı Verin

Çocuklara kendisini ifade etme ve ispatlama şansı verirseniz, ona hayatta kalma ve başarılı olma şansı da tanımış olursunuz.

G. JACQUİN

A- Çocuk Kendisini İfade Etmeli

Aileler genelde çocuklarına karşı çok titiz ve çok denetimci oldukları için onların kendilerini ifade etmelerine fırsat vermezler. Çocuklarını "yanlış yapar" düşüncesiyle tek başına bırakmazlar ve onların kendilerini ispat etmelerine izin vermezler. Çocuk sürekli gözetim ve denetim altında kalır.

Bunun için, çocuk eğiten ailelerin ve öğretmenlerin genel çocuk psikolojisi ve çocuk eğitimi konusunda yeterli bilgiye sahip olmaları gerekmektedir. Çünkü çocuk eğitimi bilimsel bir çalışmayı zorunlu kılar.

Çocuk eğitiminde, genel bilgilerin bilinmesi ve uygulanması yanında, çocuğa özgü bazı püf noktalar ve ince ayrıntılar da bilinmeli ve keşfedilmelidir. Çünkü, çocukların davranışları farklılık gösterir ve çağa özgü bir karakter oluşturur. Çocuk eğitimcilerinin bu farklılığı çok iyi gözleyip yakalamaları lâzımdır. Yoksa: "Bir çocuğa uygulanıp başarılı olan metotlar, bir başka çocukta da başarılı olacak." diye bir kural yoktur.

Çocuk yetiştirmede önemli ayrıntıları gözleyen ve çocuğa özgü yönleri bulup çıkaran aileler başarılı olmuşlardır.

B- Çocuğa, Kendini İfade Etme İmkânı Nasıl Tanınabilir?

1) Çocuğa, kendi hayatını oluşturmak, sıkıntılarını kendi imkânlarıyla aşmak inisiyatifi verilmelidir.

2) Çocuk, bireysel anlamda çok iyi tanınmalı ve gözlemlenmelidir. Kendine özgü davranış tipleri tespit edilmeli, tepkisinin dozu ve yönü iyi tahmin edilmelidir. Bunlar bilinirse, çocuğa özgü bir eğitim modeli oluşturmak kolaylaşır.

3) Çocuğa aşırı güven ve aşırı koruma, onun gerçek kişiliğinin oluşmasını engeller.

4) Çocuk, hayatın zorluklarıyla baş etme tekniğini yaşayarak kazanmalıdır. Hayatı çok kolay gören çocukların, hayatın şartlarında zorlandıkları bilinen bir sonuçtur. Hayatı çok zor gören çocuk ise, sürekli başarısız olmaktadır.

5) Çocukta sürekli olarak yetinme duygusunu olgunlaştırmak için çalışılmalıdır. Çocukta yetinme duygusu gelişmezse, isteklerin ve sahip olma arzusunun ardı arkası gelmez.

6) Çocuğun düş kurmasına, düşüncelerine, yazılarına, icatlarına, şaheserlerine ya da kavramlarına sınır koymayın. Bir çocuğun hayal gücü teşvik edilirse gelişmeye ve üretmeye devam edecektir.

7) Çocuk ilk önce aile içinde başkalarıyla geçinmeyi, birlikte bir şey yapmayı, paylaşmayı ve her zaman ilgi odağı olmamayı yaşar. İşbirliği yapmayı öğrenmek çocuğunuzu gelecekte okul ilişkilerinde ve çalışma hayatındaki başarıları için değerli bir araçla donatacaktır.

8) Çocuklarımıza bir fark ortaya koyabileceklerini öğretme-

miz gerekiyor. Var olmasını istediğimiz dünya çocuklarımızın mızın zihninde oluşturulmalıdır.

9) Bir çocuk yapmaktan korktuğu şeylerle karşı karşıya gelerek ve bunları hazmederek cesur olmayı öğrenir. İnandığı bir şeyi yapmak için bir adım ileri gitmesi gerektiğini öğrendiğinde, korksa bile, cesaretin nasıl bir duygu olduğunu kavrayacaktır.

10) Güven oluşturmanın tek yolu dürüst olmaktır. Başka yol yoktur. Aile düzeninin bu dürüstlük ortamında işlemesi, aile fertlerinin birbirine güvenmesi anlamına gelir. Bir aile dürüstlüğe değer veriyorsa, her aile ferdi, bütün olarak ailenin kendisini desteklediğine güvenerek hayatındaki gerçekleri ifade edebilir.

11) Sabrı öğrenen çocuk hayatın engellerini aşmaya büyük yardımı dokunacak önemli bir araca sahip olmuştur.

12) Hayatta çocuğunuzun ne olmasını istiyorsanız, kendi yaşantınızla ve konuşmalarınızla onu yansıtmaya çalışmalısınız

13) Sorumluluk üstlenmede başarılı olan çocuklar yeteneklerine daha fazla güvenir. Sorumlu davrandığı için olumlu tepkiyi tadan çocuk kendi hareketlerinden sorumlu olmaya daha fazla motive olur

Ailelere, çocuklara bir alan belirleyerek, bir iş verip, bir sorumluluk yükleyerek, onların kendilerini göstermelerine ve becerilerini sergilemelerine imkân vermelidir.

Çocuk kendisini ifade edemedikçe, güven bulamaz ve daha büyük işler için de cesareti kırılır. Bu da çocuğun hayatta başarısızlığa mahkûm edilmesi demektir.

Çocuk Eğitiminde Oyunun ve Oyuncakların Önemi

Oyun ile çocuk birbiriyle bütünleşmiş iki kelimedir. Aslında çocuk da bir oyun demektir. Oyunsuz bir çocuk düşünülemez. Yapılacak şey, oyunun gücünü çocuğun eğitimine yönlendirmektir.

Dr. Halit ERTUĞRUL

A- Çocuk Eğitiminde Oyun ve Oyuncaklar Niçin Önemlidir?

Oyun ve oyuncakların, çocuğun gelişimindeki önemi çok büyüktür. Çocuk, oyundan bir parçadır. Çocuğun dünyasını oluşturan önemli unsurların başında oyun gelir. Oyun, çocuğun hayal gücünün bedensel hareketlerle ifade edilmesi ve bunun için yapılan etkinliklerdir. Oysa birçok aile, bu faaliyetin çocuğun gelişim ve eğitimindeki etkisini düşünmeden, boşa harcanan zaman olarak değerlendirir. Bu yaklaşım içindeki ana babalar, oyun ortamı hazırlayacaklarına, oyundan uzaklaştırma yolları ararlar. Oysa çocuk, oyun yoluyla birikmiş enerjisini toplumsal açıdan kabul edilen bir yolla boşaltma imkânı bulmaktadır.

Çocuk oyun ve oyuncaklar sayesinde, çevreyi tanır, karşılaştırma yapar, ön sezgisi gelişir ve değerlendirme alışkanlığı kazanır. Bu şekilde, birlik, bütünlük, arkadaşlık, yardımlaşma ve ve kazanmak üzerine kurulan oyunları, başarıyla oynayabilmenin yollarını öğrenir. Oyunlarda başarılı roller üstlenen çocukların, hayat oyunlarında da başarılı oldukları görülmüştür. (Yüksel, 1997: 41)

Çocuk oynarken tecrübe kazanır. Oyun, onun hayatının çok önemli bir parçasıdır. Dış olduğu kadar, iç tecrübeler de bir yetişkin için zengin olabilir. Oysa çocuk için zenginlik, yalnız oyunlarda ve fantezilerde vardır. Nasıl yetişkinlerin kişilikleri hayatta edindikleri tecrübelerle gelişiyorsa, çocukların kişilikleri de kendilerinin ve başkalarının bulundukları oyunlarla gelişir. Kendilerini zenginleştirerek, çocuklar, yavaş yavaş dışarıdaki gerçek dünyayı görebilme kapasitelerini geliştirirler. Oyun, canlılık demek olan yaratıcılığın sürekli bir kanıtı olur.

Çocuklar, başlangıçta yalnız veya anneleriyle oynarlar. Oyun arkadaşı olarak başkasına hemen hemen hiç ihtiyaç duymazlar. Ancak oynaya oynaya çocuk, arkadaşlarının bağımsız varlıklarını kabul etmeye başlar. Tıpkı bazı yetişkinlerin işyerlerinde kolaylıkla dost ve düşman edinmelerine karşılık, diğer bazı yetişkinlerin yıllarca bir pansiyonda kalıp da kendileriyle neden kimsenin ilgilenmediğini merak etmeleri gibi, çocuklar da oyun sırasında dost ve düşman edinirler, ama oyun dışında kolaylıkla arkadaşlık kuramazlar. Oyun, duygusal ilişkilerin başlatılması için bir düzen ortamı sağlar. Böylece sosyal ilişkilerin gelişmesine de imkân hazırlar. (Yavuzer, 1999: 170)

Yalnız oyun ve oyuncaklarda dikkat edilecek husus şudur ki oyun ve oyuncaklar çocuğun zihinsel gelişimine uygun olmalıdır. Çocuğun algılayabileceği seviyede olmayan uyum ve oyuncakların bir anlamı yoktur. İyi oyuncaklar, pahalı ve değerli oyuncaklar değildir. İyi oyuncaklar çocuğun anlayabileceği oyuncaklardır.

B- Oyun ve Oyuncaklar Çocuğa Neler Kazandırır?

1) Çocuk, oyun yoluyla çevresindeki eşyayı ve cisimleri tanır ve birikmiş olan enerjiyi kullanma imkânı bulur.

2) Çocuk denetleyemediği ya da önüne geçemediği arzularını dizginlemek için oyunu aracı olarak kullanmaktadır. Buna imkân hazırlanmalıdır.

3) Kişiliği geliştirme de oyun ve oyun arkadaşları vasıtası ile olmaktadır. Oyun, çocuğun sıkıntılar ve gerilimlerden sıyrılmasına da yardımcı olur. Ve aynı zamanda çocukları tanımamıza imkân verir. O oynadığı zaman başkaları hakkındaki düşüncelerini açığa vurur. Örneğin, kıskandığı kardeşini, bebeğini onun yerine koymak suretiyle cezalandırır.

4) İlk aylardaki çocuklar seslere ve renklere karşı duyarlıdırlar. Ses çıkaran oyuncaklar onların dikkatini çeker.

5) Bir buçuk ve iki yaşındaki çocuklar hareketli ve devamlı olarak etraflarını araştıran bir karakter sergiledikleri için birleştirerek yeni şekiller oluşturmaya elverişli oyuncaklarla, hareket edebilen, itilebilen tekerlekli arabaları severler. Mutfak eşyaları, kuklalar, bebekler, marangoz ve bahçe aletleri de verilebilir.

6) Oyunlarda kız ve erkek çocukları farklılık gösterir. Kız çocuklarının bebeklerini giydirip, sallayarak uyutmaya çalışmalarının altında anneye benzeme duygusu yatar. Zihinsel ve kas gelişmesini sağladığı için parça-bütün ilişkili oyuncaklar, geçmeli plâstik oyuncaklar ve kesip biçme ile ilgili oyuncaklar verilebilir. Bu dönemde erkek çocukları dövüş ve savaş ile ilgili oyunları daha çok oynarlar, bu onları çok mutlu eder.

7) Son yıllarda, hızla gelişen elektronik oyuncakların, çocuk gelişimine önemli ölçüde katkıda bulunmadıkları ifade edilmektedir (Yüksel, 1997: 61). Çünkü, elektronik oyuncaklar, çocuğu grup oyuncaklarından uzaklaştırarak onu bireyselleştir-

mekte ve yalnızlığa itmektedir. Çocuğun dikkatlerini toplama ve bazı uzuvlar arasında örneğin el-göz arasında koordinasyonu sağlama dışında faydaları olmamaktadır.

8) Toprak, su, kum, kil ve çamur yardımıyla oynanan oyunlar çocuğun tabiatla yakın ilgi kurmasını sağlar. Bunlar aynı zamanda çocuktaki yetenekleri de geliştirirler. Model oyuncaklar ya da fırça gibi oyuncaklar da beceri kazanmalarını sağlar. Jimnastik araçları çocuğun zihinsel ve bedensel olarak gelişmesine katkıda bulunur.

9) Oyuncakların en önemli tarafı da, çocuğun ilgi duyduğu alanın belirlenmesinde yardımcı olur. Bu şekilde çocuğun yeteneklerini anlamak mümkündür.

10) Oyuncaklar, çocuğun el becerilerinin de gelişmesini hızlandırır. Bunun için, oyuncakları çocukların kendileri yapmaları konusunda onlara imkân ve şans verilmelidir.

11) Oyun, çocukların dikkatlerini toplamalarına ve bir probleme odaklaşmalarına yardımcı olur.

12) Oyun, çocuğa plânlı hareket etmeyi öğretir. Hayalinde geliştirdiği oyunu uygulamaya koyan çocuk, ilerisini düşünür, yapmak istediği işleri nasıl yapacağını plânlar ve organize eder.

13) Oyun, çocuğun vücudunu güçlendirir. Oyun oynarken çocuklar canlı ve hareketli olurlar.

14) Oyun, çocuğa başkalarıyla işbirliği yapmayı öğretir. Oyun oynayan çocuk beklemeyi, paylaşmayı, vermeyi, eğlenerek işbirliği ve duygu paylaşımını (empati) geliştirir.

15) Oyun, çocuğun merakını kamçılar ve çocuğa gerçeği tanıtır. Yeni buluşlara yol açar.

16) Oyun, çocuğu eğlendirir. Çocuk için ciddi bir iştir.

17) Oyun, çocuğun gelişmesi ve kişilik kazanması için sevgiden sonra gelen ikinci en önemli ruhsal besindir.

18) Oyun yoluyla çocuk, en derin duygu ve ihtiyaçlarını ifade etme imkânı bulur.

19) Çeşitli biçim ve boyuttaki oyuncaklarıyla oynayan çocuk; renk, boyut, tür ve tip gibi kavramları öğrenir ve tanır.

20) Arkadaşlarıyla oynamak, çocuğa işbirliğini ve toplu yaşam için gerekli kuralları öğretir. Oyun yoluyla toplumsallaşan, "ben" ve "başkası" kavramlarının bilincine varan çocuk, vermeyi ve almayı da oyun vasıtasıyla öğrenir.

21) Çocuğun toplum ve ahlâk kuralına uyum göstermesinde oyunun rolü büyüktür. Çocuk, ev ve okul çevresinde neyin doğru, neyin yanlış kabul edildiğini görür. Ancak, bu tür kurallara uymanın zorunluluğunu oyun ortamında anlayabilir.

22) Çocuk oyun dünyasında egemendir. Yaşıtları dışında kimsenin bu dünyaya girmesini istemez. Çocuğun oyun içindeki davranış biçiminde ailesinden edindiği eğitim türünün etkisi büyüktür. Çocuk oyunla kendini ispat etmek ister.

23) Oyun, çocuğa konuşma ve dil zenginliğinin kazanılmasında yardımcı olur.

24) Çocuk, oyunla kendini, yaşamı, bazı ilişkileri keşfeder, kendine özgü bir dünya oluşturur.

25) Oyun, çocuğun en güçlü ve doğal eğilimlerinden birisi olan saldırganlık isteğinin zararsız bir şekilde boşaltılmasına yardımcı olur. Bu engellenirse, bu eğilim daha zararlı bir şekilde ortaya çıkabilir.

C- Çocuğun Yaşlarına Göre Oyun Türleri

Oyunların seçiminde ve oluşumunda iklimin, kültürün, cinsiyetin ve yaşın etkisi büyüktür. Özellikle aile ortamı ve ailenin kültür yapısı bunda belirleyici bir rol oynar.

1- 0-2 Yaşlarındaki Çocuklar için Oyun Türleri:

Gözlerini henüz dünyaya açmış bir bebeğin oyun faaliyeti tabiî ki düşünülemez. Ancak 2-3 aylık bebeğin oyun faaliyeti, çevresindeki insanlara bakmak ve yakınındaki objeleri yakalamak üzere hareketler yapmaktan ibarettir. Daha sonra çocuğun el ve kolundaki kontrol giderek artar. Çevresindeki eşyaları yakalayabilir, inceleyebilir. Oyunları keşif niteliğindedir. Çevrelerindeki oyuncak ve objeleri çekerek ve çarparak, onları keşfetmeye çalışan çocuğun başlangıçtaki oyunları serbest ve kendiliğindendir. Kendi başına oynamaktan hoşlanır. Başka çocuklarla bir arada olsa bile yine de tek başınadır. Kısa bir süre başkalarını izler, iletişim kuramaz. Bunun nedeni de kas, denge, dil ve bilişsel-zihinsel gelişim yönünden henüz yeterli olgunlukta olmayışıdır.

2- Üç Yaşındaki Çocuklar için Oyun Türleri:

Büyük kaslar oldukça gelişmiştir. Takla atmayı, yüksek yerlere çıkıp inmeyi, tırmanma merdivenine tutunarak sallanmayı, bisiklete binmeyi, denge tahtasında yürümeyi, top tekmelemeyi kolaylıkla becerebilir. Yeni oyunlar icat eder ve uygular. Hayal gücü oyunları, önem kazanır. Başka çocuklarla iletişim kurar; ikili; üçlü kümeler görülür.

3- Dört Yaşındaki Çocuklar için Oyun Türleri:

Küçük kas gelişiminin hızlı olduğu bu dönemde oyun ve etkinlikler açısından çok beceriklidir. El becerileri güçlüdür, anlaşılabilir resimler yapar. Etkinlikler çok yönlüdür: müzik, şarkı, oyun, resim...

Aynı zamanda büyük kas gelişiminin devamı nedeniyle kasma, atlama, tırmanma, çekme, kazma hareketleriyle tüm bedenini kullanır, diğer çocuklarla beraber oyun oynar ve oyunlar uzun sürer. Kıyaslamalı, yarışmalı oyunlara ilgi başlar.

4- Beş Yaşındaki Çocuklar için Oyun Türleri

Bedensel etkinlikler yoğundur. Bu yaş çocukları çok hareketlidir. Özellikle bahçe etkinliklerinde kaslarını kullanacağı oyunlar seçer. Düş gücünü gerektiren oyunlar azalmış, oyunlar daha düzenli, bilinçli ve dengeli duruma gelmiştir.

5- Altı Yaşındaki Çocuklar için Oyun Türleri

Beş yaşında en çok sevdiği şeyin oyun olduğunu söyleyen çocuk, 6. yaşta işi sevdiğini de ekler. Kız ve erkek çocuklarda farklılıklar gözlenir. Kız çocukları evcilik, komşuculuk, doktorculuk gibi oyunları; kitaplara bakmayı, bebeklere giyecekler hazırlamayı, yarışmayı, oyunları, büyüklerle iş görmeyi severler. Erkek çocukları genellikle uçak, uzay araçları, gemi, tren oyuncaklarını ve resimlerini severler. Savaş sahnelerini, oyunlarını da canlandırırlar. Yarışmalı, takımlı oyunlardan hoşlanırlar. Yenilmekten hoşlanmazlar. (Kaya,1998: 33)

D- Oyun Malzemeleri Seçimi ve Önemi

Gelişim basamakları boyunca, çocuğun hareketlerine düzen getiren, zihinsel, bedensel ve psiko-sosyal gelişimlerinde yardımcı olan, hayal gücünü ve yenilikçi yeteneklerini geliştiren tüm oyun malzemesiyle boş kibrit kutusu, makara gibi artık ürünler de oyuncak kapsamına girer.

Oyuncaklar, çocuğun doğal yeteneklerini geliştiren, böylelikle de büyük bir eğitimsel işlevi yerine getiren oyun malzemeleridir. Çocukta seçme ve değerlendirme duygusunu da geliştiren oyuncaklar, bu işlevleriyle çocuğun kendi kendine karar verebilmesine ve belirli bir alanda beceri kazanmasına imkân hazırlarlar.

Yine oyuncaklara bireyin toplum ve çevreyle olan ilişkilerini düzenleyen bir araçlar sistemi gözüyle bakılabilir.

Oyuncaklar, çocukların çeşitli renk, boyut ve şekil, sayısal ve yazınsal kavramlardan haberdar olmalarına yardımcı olurlar. Gelişimin her kesimini uyarmaları açısından oyuncaklar, farklı yaş ve zihin düzeyindeki tüm çocuklar için gereklidir.

Oyunların yaş ve cinsiyete göre farklılık gösterdiğini ileri süren uzmanlar, aynı ayrımın oyuncaklar için de çocuğa sağlanmasının, onun fiziksel olduğu kadar, zihinsel gelişimine ve güven kazanmasına da yardımcı olacağını söylemektedirler. (Yavuzer, 1999: 175)

Bebeklerin Sağlıklı Beslenmesi İçin Nelere Dikkat Edilmeli?

Bir çocuğa kazandırılacak en iyi davranışlardan birisi, beslenme ve sağlıkla ilgili alışkanlıklardır.

Dr. Necip ÖZTÜRK

Çocuklara düzenli, plânlı ve sağlıklı bir hayat alışkanlığı kazandırmak kadar, önemli bir görev olamaz. Bu davranışlar ise, doğduktan sonra hemen başlamalıdır.

Anne ve babaların, çocuklarına düzenli bir beslenme ve dikkatli bir sağlık alışkanlığı vermek için çok büyük bir çaba içinde olmaları gerekir. Eğer çocuk küçük yaştan itibaren beslenme ve sağlığın genel kurallarını elde edemezse, hayatı boyunca "sağlık problemi" ile karşı karşıya kalır.

Düzenli bir beslenme ve sağlık alışkanlığı nasıl kazandırılmalıdır? Bu konuyu birkaç açıdan ele almak lâzımdır.

A- Aşıları Düzenli Yapılmalı

Her çocuğun olması gereken aşıları tek tek hatırlayalım:

1) VEREM (BCG) AŞISI:

Bebeğin doğumundan sonra ilk iki hafta veya ilk ay içinde yapılmalıdır.

2) BOĞMACA AŞISI:

Bebek iki veya üç aylık olunca yapılmaya başlanmalıdır.

3) KUŞPALAZI (DİFTERİ) AŞISI:

Süratle ilerleyen bir hastalık olan difteri (kuşpalazı) bademcikler ve çevresi üzerinde beyazımsı bir renkte parçacıkların oluşumu ile başlar. Aşısı aynen boğmaca aşısı gibi yaptırılır.

4) TETANOS AŞISI:

Yara bere veya yanıklar yoluyla mikrop kapıp tetanos olmaması için boğmaca ve difteri aşıları ile birlikte tetanos aşısının da yaptırılması gerekir.

5) ÇOCUK FELCİ AŞISI:

Çocuk felci aşısı iki türlüdür.

a) Salk Aşısı: İğne şeklinde uygulanır. Birer ay ara ile üç defa tekrarlanır. Her yıl yenilenmesi gerekir.

b) Sabin Aşısı: Ağız yolu ile verilen bu aşı, hastalık etkisi ortadan kaldırılmış canlı virüslerdir. İki üç aylıktan itibaren damla hâlindeki aşı, bebeklere kaşıkla içirilir.

6) ÇİÇEK AŞISI:

Eğer çiçek salgını varsa bebeği doğar doğmaz, yoksa 7-8 aylık olunca aşılatmalı, eğer tutmazsa tutuncaya kadar tekrarlanmalıdır.

7) TİFO, PARATİFO AŞISI:

Kimi yetkililer bu aşıların hekim tedavisine göre yaptırılması gerektiği üzerinde durmaktadır. Çocuk birinci yaşın sonlarında yahut da 2-3 yaşlarında aşılattırılmalıdır. İlk aşıdan sonra 15'er gün ara ile 3-4 kez daha aşı yaptırılmalıdır.

8) KIZAMIK AŞISI:

Enjeksiyonla yapılan ve yapıldıktan sonra 1-2 gün ateş yükselmesine sebep olan bu aşı henüz yeni bulunan aşılardandır. Çocuk 8-10 aylık olunca yaptırılmalıdır.

9) KABAKULAK AŞISI:

Bilindiği üzere, hafif geçen bir hastalık olmasına rağmen kabakulak hastalığı kimi çocukların yumurtalıklarına geçerek kısırlığa sebep olduğundan zararlı sonuç doğurabilecek bir hastalıktır. Bunun için henüz yeni bulunan diğer bir aşı olan kabakulak aşısı yaptırmayı da ihmal etmemek gerekir.

10) TİFÜS AŞISI:

Çoğunluk tifo ve difteri, tetanos ile karma aşı olarak ilk kez 6-7 yaşında yapılır. Yıldan yıla tekrarlanmalıdır.

B- Düzenli Beslenmeye Dikkat Edilmeli

Dünya Sağlık Örgütü ve UNICEF'in istatistiklerine göre gelişmiş ülkelerde her bin bebekten 4'ü, Türkiye'de ise her bin bebekten 40'ı ölmektedir. Türkiye'deki bebek ölüm oranının Avrupa ülkelerine göre 10 kat fazla olması dikkat çekmektedir.

Uzmanlar, her yıl sıfır yaş grubundaki 57 bin bebeğin öldüğünü belirtiyorlar. Bebeklerin başlıca ölüm nedenleri arasında, solunum yolu enfeksiyonu, ishal ve beslenme bozuklukları gelmektedir. Her yıl bin dört yüz kadın da doğum sırasında oluşan problemler yüzünden yaşamını yitirmektedir. (Yüter, 1999: 67)

Bebeklerin sağlıklı bir şekilde beslenmeleri için şu noktalara dikkat etmek lâzımdır:

1) Bebeğin yaşına göre, beslenme zamanlarını iyi tespit edin. En olumsuz beslenme, vakitsiz, düzensiz beslenmedir. Anneler bu konuda eğitimli olmalıdır.

2) Ağlayan bir bebek cevap ister. Üstelik ne kadar küçükse cevap verme süreniz o kadar kısa olmalıdır. İlginiz onu şımartmaz, bebeğe onu sevdiğinizi ve anladığınızı gösterir.

3) Bebek gaz sancısıyla ağlıyorsa, bacaklarını bedenine doğru

çekmeniz iyi sonuç verir. Her bacağı dönüşümlü olarak bükerek gövdesine hafifçe bastırmanız fazla gazın dışarı çıkmasını sağlar.

4) Bebeği uyumadan beşiğine yatırırsanız, daima ve derin uyuma konusunda problemlerin çıkmasını önlemiş olursunuz.

5) Geceleri mamasını loş ışıkta yedirirseniz gece ile gündüz arasındaki farkı öğrenir.

6) Geceleri zorunlu olmadıkça altını açmayın. Çünkü bez değiştirirken bebeğin uykusu dağılır ve bu her gece tekrarlanırsa, alışkanlık hâline gelir ve her gece aynı saatte bebek uyanır.

7) Gündüzleri bebeğinizin uyuduğu odayı tamamen karartmayın ve bebek uyuyor diye parmaklarınızın ucunda yürümeyin. Işığa ve sese alışmasını sağlayın.

8) Bütün gece deliksiz uyumuyor diye üzülmeyin. Bebekler yetişkinlerin sandığından daha az uyur. 24 saat içindeki uyuma süreleri 12 ile 18 saat arasında değişir.

9) Bazı bebekler soğuk beşiğe yatırıldıklarında ürperirler. Bu nedenle bebeği yatırmadan önce beşiği sıcak su torbasıyla ısıtın.

10) Dört aydan itibaren bebeğinizin gece beslenmesine son verin. Eğer uyanırsa su ya da çay vermeniz yeterlidir.

11) Daha yaşamının ilk haftalarında kendi kendine uyumaya alıştırın ve bunu bir sisteme bağlayın. Bebeği beşiğine yatırdıktan sonra bir ninni ve masalla kendi kendine uyumasını sağlayın.

12) Bebeği gündüzleri uykusuz bırakmak, geceleri rahat uyuyacak anlamına gelmez. Aksine gündüz birçok izlenim edinmiş yorgun bir bebek, geceleri de kötü uyur.

13) Yeni doğan bebeklerin mideleri çok küçüktür, çok az süt içebilirler. Bu nedenle ilk haftalarda saat başı beslenmeleri gerekir.

14) Bebeğin gece boyu uyuması annenin lehinedir, ama süt timi açısından olumsuz etki yapar. Bu nedenle bebeği uyandırıp emzirin.

15) Emziren annelerin mutlaka uyması gereken iki nokta vardır: Bol bol sıvı almak ve dinlenmek.

16) Meme emerken uykuya dalan bir bebek ya aç değildir ya da tamamen uyanmamıştır. Uyanması için emzirmeden önce altını değiştirin. (Aydın, 1999: 20 Şubat, Akşam)

Çocuklarda Okul Başarısızlığı Nasıl Önlenebilir?

"Güven" duygusu kazanamamış çocuklar, hayata güvensiz bir gözle bakarlar ve hayatı güvensiz olarak yorumlarlar. Başarının sırrı çocuğa "güven" duygusunu kazandırmaktır.

Prof. Dr. Resul GERÇEKÇİOĞLU

A- Okul Başarısızlığının Nedenleri

Okul başarısızlığı tüm öğrencileri az veya çok bir şekilde ilgilendirir. Ama asıl ilgilendiren öğrenci grubu ise, okula yeni başlayanlardır.

Okula yeni başlayan öğrencilerde, belli bir okul korkusu, başarısızlık duygusu ve güvensizlik hissi oluşur. Buna anne ve babaların heyecanı, bazen de panik derecesinde telâşı ilâve olunca, ortaya ciddî bir problem çıkar. İşte bunun adı "okul başarısızlığı"dır.

Okul başarısızlığının birçok nedeni vardır. Bunları genel olarak üç grupta toplayabiliriz:

1) Çocukla ilgili nedenler.

2) Ailesi ile ilgili nedenler.

3) Okulu ile ilgili nedenler.

1- Çocukla İlgili Nedenler

Okula başlamadan önce psikolojik ve ruhsal olarak çocuğun okula hazırlanması gerekir. Okul öncesi dönemde anneye aşırı derecede bağımlı olan çocuğun kademeli olarak anneden bağımsız olarak hareket etmesi sağlanmalıdır. Okul sevgisini artırıcı sözler söylenmeli, kendisinden büyük ağabey ve ablalarının okul başarıları anlatılarak özendirilmelidir. Çocukta mevcut olan potansiyelin kullanılması için teşvik edilmeli ve başarıları övülmelidir.

Sağlıklı olmayan bir çocuk okulda başarılı olamaz. Bu açıdan hastalıklar başarısızlık nedenlerinin başında gelir. Okula yeterince devam etmeyen bir çocuğun başarılı olması düşünülemez. Ayrıca okula uyum sağlamayan ya da arkadaş ve öğretmenini sevmeyen çocuk yeterince ders çalışamaz. Ve değişik hastalık tabloları ile karşımıza çıkar.

Sabahleyin okula gitmemek için karın ağrısı, bulantı ve hatta kusma tablosu ile karşımıza çıkan çocuğa, okula gitmemesi söylenince çok kısa bir zamanda düzeldiği görülür. Psikosomatik dediğimiz bu hastalıklar, sebebi belli olan organik hastalıklardan ayrılmalıdır. Bu nedenle çocuğun hekime götürülerek gerçek teşhisin konulması gerekir.

Her çocuk kendine has zekâ ve kişilik özellikleri gösterir; kapasite bakımından farklılıklar arz eder. Çocuğun tüm bu özellikleri bilinerek onlara eşdeğer başarı beklenmelidir.

Görme şikâyetleri olan bir çocuk uzağı net göremez. Bu yüzden derslerini yazamaz ve dolayısıyla başarısız olur. Göz muayenesinden geçirilmeli ve görme kusuru varsa tedavi edilmelidir.

Keza işitme engelliler de anlatılan dersleri tam manasıyla anlayamadıkları için başarısız olurlar. Konuşma bozuklukları da başarısızlık sebepleri arasındadır. Arkadaşları ile iyi bir diyaloğa girmeyen çocuk yeterince başarılı olamaz. (Yakut, 1997: 88-89)

2- Ailesi ile İlgili Nedenler

Öğrenmeden keyif alıp haz duymak, büyük ölçüde çocuğun **özgüven**ine bağlıdır. Yakın çevresi çocuğu tanıyıp onun ihtiyaçlarını fark ederek karşılamaya çalıştığında özgüven için önemli adım atılır.

Çocuk sıcak, sevecen ve tutarlı bir aile ortamında huzur ve sevgiyi bulur. Kendi kendine yetmeyi, kendinden hoşnut olmayı, kendine saygı duymayı öğrenir. Çünkü **"kabul görmekte"** ve **"kişiliğine saygı"** duyulmaktadır. Özgüvenli olmak, çocuğun çevresine karşı güven duymasını sağlar.

Anne ve baba, çocuğun dış dünyayı keşfetmek ve tanımak için yaptığı girişimleri desteklediği, bağımsız olması konusunda çocuğu teşvik ettiği takdirde, çocuk kendi kendine yetmenin hazzını yaşar.

Genellikle başarısız çocuk, motivasyonu (güdülenmesi) eksik olan çocuktur. Motivasyonunu geliştirmek için çocuğun kendine olan güvenini kazandırmak, ailenin en önemli görevi olmalıdır.

Anne ve baba, ilgilerini geliştirmesi için yeterli kapasiteye sahip olduğu konusunda çocuğu teşvik etmelidir. Bunu sağlamak için küçük yaştan itibaren fırsatlar oluşturmalı ve bu fırsatları değerlendirmesi için çocuk cesaretlendirmelidir.

Anne ve baba, çocuğun bireysel kapasitesinin elverdiği oranda yapabileceğinin en iyisini yapmasını bekler. Burada önemli olan, çocuğun başarılarının saygı ile karşılanması, buna karşılık hazır ve yeterli olmadığı birtakım şeyleri başarıp tamamlaması konusunda baskı yapılmamasıdır. Anne ve baba, çocuğun zorlanması hâlinde çözüme yardımcı olmak ve onun kaygılarını paylaşmak üzere gerekli olan desteği göstermelidir.

Çalışmaları ailesi tarafından desteklenmeyen ve başarısızlıkrından dolayı eleştirilen çocuk, kendini değersiz bir kişi olarak görür, kendini küçümser. Bu da onun var olan yeteneklerini gizlemesine neden olabilir. Bu tür çocuklar kapasiteleri uygun olmasına rağmen, bunu kullanmayıp okuldaki başarılarını düşürebilirler. Buna karşılık, çocuklarına destekleyici bir ortam sağlayan, başarılarıyla ilgilenen, gelecek çalışmaları için onları teşvik eden, onlara sevgi ile yaklaşan ailelerin çocuklarında okul başarısının yüksek olduğu görülür. (Yavuzer, 1995: 162-163)

3- Okul ile İlgili Nedenler

Okul ile ilgili problemlerin arasında öğretmenin tutumu, arkadaş çevresi ve okulun fizyolojik durumu önemli yer tutar.

Okulun fizyolojik ortamı, görünümü, ferahlığı, oyun bahçesi, oyun araçları ve bulunduğu yer, çocuğun okulu sevip sevmemesinde önemli rol oynar.

Öğretmeninin, okulun açıldığı ilk günden itibaren sergilediği tutum da çok önemlidir. Bu tutum, olumsuz davranışları pekiştireceği gibi, daha iyi ve doyum sağlayıcı bir okul hayatı için yeni umutlar yaratabilir.

Yeterlik duygusu yüksek olan öğretmen, öğrenci girişimciliğini teşvik eden, onu destekleyen, bireysel ihtiyaçlara eğilen, sınıf kontrolüne (disiplinine) az zaman ayıran kişidir. Böyle bir öğrenme ortamı başarı düzeyini artırır. Bunun tersine düşük yeterlik duygusu içindeki öğretmenler çocukları öğrenmeye motive edememekte ve başarısızlık tohumu ekmektedirler. Aynı şekilde öğretmen düşük beklenti geliştirdiği öğrencilere genellikle daha az soru sormakta, başarılı performanslarını daha az ödüllendirmektedir. Kısaca, düşük beklenti geliştirilen öğrenciler, öğretmenlerinden daha az olumlu, sıcak, kişisel ilgi ve sözel olmayan iletişim almaktadır. Oysa yüksek başarı için, yüksek motivasyona ihtiyaç bulunmaktadır.

Her çocuğun kendini duygusal ve sosyal açıdan güvenli hissedebileceği, korkularını ve güvensizliğini yenebileceği, öğretmeninin ve arkadaşlarının ona gülemeyeceği bir ortama ihtiyacı vardır. Ancak bundan sonra çocuk korkularını ve güvensizliğini yenmeye ve okulda başarılı olmaya başlayabilir.

Ailesi tarafından gerekli ihtiyaçları karşılanmayan ve kendine güveni olmayan çocuktan, okulda yardım olmaksızın kendine olan güvenini geliştirmesi beklenemez. Bu durumda öğretmene önemli bir rol düşmektedir. Çocuğa başarabileceği görev ve sorumluluklar verilmeli (sınıf gazetesini yönetme, müzik kolu başkanlığı, sınıf başkanlığı gibi), fırsatlar tanınmalıdır. Böylece çocuk, yeni yetenekler geliştirebilir. Kendine olan güvenini kazanabilir ve daha önemli başarılar için motive olabilir.

Başarısız çocuk, genellikle kaybetmekten korkar. Öğretmen, çocuğun zayıflıklarından çok, iyi ve güçlü taraflarından yararlanarak bu korku ile başa çıkmasında yardımcı olabilir.

Başarısız çocuk, öğretmenin kendisini anladığından emin olduğu takdirde onu memnun etmek amacıyla bir çaba içine girebilir.

İyi bir ödevin ardından çabasının takdir edilmesi sonucu, çocuk her türlü okul faaliyetiyle daha fazla ilgilenmeye başlayabilir. Ancak bütün bunları yaparken öğretmenin çok sabırlı olması gerekir. (Yavuzer, 1995: 165-166)

B- Okul Başarısızlığını Önlemek İçin Neler Yapılmalı?

1) İlk defa okula başlayacak olan çocuğun korkusu, telâşı ve başaramama duygusu, anne ve baba tarafından, yıllar öncesinden başlayarak, yavaş yavaş giderilmeye çalışılmalıdır.

2) Okulun olumlu yönleri, güzellikleri ve insana yapacağı katkılar, çocuğa uygun bir şekilde anlatılmalıdır.

3) Çocuğu ilk defa okula gönderen aile fertleri, çocuğu korkutacak, telâşlandırcak ve ürkütecek davranışlardan kaçınmalıdırlar.

4) Her 100 çocuktan yaklaşık 4-5 tanesi bu tepkisini okul korkusuyla ortaya koyar. Okula gitmek istemez. Zorlanınca büyük tepkiler gösterir. Bu durum okula gidişin ilk günlerinde ortaya çıkabileceği gibi herhangi bir zamanda da ortaya çıkabilir.

5) Okul fobisinin ön belirtileri baş ağrıları, karın ağrıları, bulantı, kusma hissi, iştahsızlık, keyifsizlik, uyku düzeninde bozukluklar, okul sorumluluklarının yerine getirilmesinde aksamalar gibi davranışlardır. Bu belirtiler özellikle sabahları ve okul saatlerinde ortaya çıkar ve yoğunlaşır. Bu tabloyu iyi değerlendiremeyen anne baba ve öğretmenler, hatalı tutumlarıyla çocuğun korkusunu pekiştirebilirler.

6) Okul korkusu olan çocuklar, genellikle aile fertleri tarafından aşırı bir şekilde himaye görmeye alışmış çocuklardır. Her davranışlarında ailenin onuyını ve desteğini beklerler. Anneye karşı aşırı bağımlılıkları vardır. Bu tür çocukları okula göndermeden önce bu bağımlılık yavaş yavaş kapatılmalı ve ona özgüven verilmelidir.

7) Anne balalar, çocuklarıyla ilgili aşırı bir endişe ve başarısızlık duygusu içine girmemelidirler.

8) Çocuğunuzu iyi tanıyarak "beklenti düzeyinizi" gerçekçi kılabilirsiniz. Aksi takdirde sizin hayal gücünüze, kapasitesini bilmediğiniz çocuğunuzu sığdırmaya çalışmanız kimseye yarar sağlamaz. Ebeveynin "yüksek beklentisi" çocuğun cesaretini kırar. Ebeveyni hayal kırıklığına uğratma telâşı ise çocukta başarısızlık kaygısına neden olabilir.

9) Çocuğa yapabileceğiniz en büyük yardım, ilgi ve yetenekleri doğrultusunda onu yönlendirmek, ihtiyacı olan desteği (özel öğretmen, kurs vs) sağlamak, sorununu çözmede yar-

dımcı olmaktır. Çocuğu, başarılı kardeş ve arkadaşlarıyla kıyasyaslamak, aşağılamak, yarar yerine zarar getirir.

10) Bütün bu bilgilerin ışığında; çocuğunuzu olduğu gibi, kendisi olarak görmeyi öğrenin. Kapasitesine ve bireysel özelliklerine en uygun öğretim yöntemini (altını çizerek, anlatarak veya özetleyerek çalışma gibi) seçmesi konusunda onu destekleyin.

11) Anne ve baba olarak geçmiş okul yaşantınızdaki başarılarınızı çocuğunuzun tekrarlamasını beklemek ya da elde edemediklerinizi çocuklarınızı zorlayarak elde etmeye çalışmak, sadece kendinizi tatmin etmekten öte bir işe yaramaz.

12) Çocuğun, arada bir isyan edip: **"Hayır! Bugün oturup ödev yapmayacağım."** diye bağırışlarından fazla tedirgin olmayın. Fakat bu baş kaldırışlar sürüp gidiyorsa, bozuk bir şey var demektir. Sebebini araştırın.

13) Çocuğun başarısızlığında, seviyesine uygun sınıfta olmamasının veya arkadaşlarıyla uyuşamamasının önemli etkisi vardır. Eğer mümkünse başka bir okula, başka bir sınıfa naklettirin. Hazır değilse, çok erken yaşta ilkokula başlatmayın. Sınıf geçemeyecek durumdaysa **"torpil"** kullanıp geçirtmeyin. Sınıf atlaması için de zorlamayın. Hele çok zor okullara yerleştirmek için yeri göğü sarsmayın. İleriki yıllarda başınız çok ağrır. Daha alt bir sınıfta **"başarılı çocuk"** sayılması, onun öğrenme "motivasyonu"nu artırır, zorlanacağı sınıfta ise hep gerilerde kalması, kırık not alıp durması hevesini kırar.

14) Çocuğunuz okulda düşük puanlar alıyorsa, ona evde cezalar vermeyin.

15) Okuldan: **"Çocuğunuz serbest davranıyor."** gibi bir şikâyet gelirse çocuğa kızmayın. Nasıl ateş bir hastalık alâmetiyse, onun bu davranışı da (hele yeni belirmişse) bir sorunun habercisidir. Araştırınız.

16) Çocuktan beklentilerinizde gerçekçi olun. Her çocuk "pekyi" veya "teşekkür," "takdir" alacak yetenekte değildir. "Orta" dereceyi de (kabiliyetine uyuyorsa) anlayışla karşılayın ve daha iyi yapması için yumuşaklıkla, ödül vaatleriyle teşvik edin. Önemli olan, onun başarı derecesini sizin değil, kendisinin nasıl değerlendirdiğidir.

17) Okulda puanlar düşük veya hep yüksek kalmaz. Çocuğunuzun derecesi de bazen düşebilir. Fakat yüksekken hep düşmeye başlamışsa bir sorun var demektir. Sorunun ne olduğunu anladıktan sonra çare bulun. Puan meselesini abartmayın ve aile yaşantınızı hep bu konu üzerine oturtmayın. Puan sadece işin nasıl gittiğinin bir işareti, pusulası olmalıdır.

18) Çocuğunuzun ev ödevlerini siz yapmaya kalkmayın. Bu, çok yanlış bir davranıştır.

19) Çocuğunuzu çok zeki diye bilmeniz (hele bazı işaretler varsa) tabiîdir. Ve bu çocuk kötü karne getirirse hemen: "Potansiyelinin altında çalıştı da ondan." hükmünü verip zorlamaya kalkmayın. Belki de onun zekâsını abartmışsınızdır. Ve çocuk, yapabildiği kadar yapıyordur.

20) Çocuğunuzun okulda olan bitenler hakkında her söylediğine hemen inanmayın.

21) Çocuğun önünde eğitim sistemini ve hocalarını eleştirmeyin. Ülkemizde 40-50-70 kişilik sınıflarda doğru dürüst eğitim yapılmayacağını ve öğretmenlerin çocukla yakından ilgilenmeyeceğini kabul edin.

22) Çocuğunuzun olgunluk düzeyi tam gün okulu kaldıramıyorsa (naz ettiği için değil ve siz de bunu anlıyorsanız) yarım gün sisteminde olan bir okula naklettirmeyi deneyin.

23) Okulunuzla sıkı ilişki hâlinde olun. Okul aile derneğine girin, ilgilenin.

24) Çocuğun duygusal sorunlarına yakınlık gösterin. Dertleri-

ni, tasalarını, sevinçlerini ve kuşkularını onunla paylaşın. Duy-Duygusal bir bağın oluşmasını sağlayın.

25) Çocuğun okul sorunlarına ilgi gösterin. Ona yapısına ve kişiliğine göre uygun bir çalışma yeri sağlayın.

26) Ona karşı gösterdiğiniz sevginin okul başarısıyla ilişkili olduğunu hissettirmeyin. Yetenekli olduğu konularda başarısını geliştirmeye çalışın.

27) Ana baba ve öğretmenler birbirini desteklemeli, evin ve okulun gereklerine saygı göstermelidirler. (Türkkan, 1997: 106-107)

28) Çocuğunuzun okulda zorlandığının tek işareti karnesi değildir. Arada bir: "Yorgunum." demesi, okula karşı ters lâflar etmesi, sık sık hastalanması da alârm işaretleridir. Sağlık sorunu yüzünden başarısız oluyor hükmüne varmadan önce, acaba derslerin ağırlığı ve çocuğun kabiliyetine göre fazla zorluğu mu sağlığını bozuyor diye de kendi kendinize sorun. Gene de sağlığını tam bir muayeneden geçirin. Göz ve kulak muayenesini hele, hiç ihmal etmeyin.

29) Çocuğunuz, "aşırı aktif" denilen tipte bir çocuksa, sınıfta oturup hocayı dinlemek ona azap oluyordur. Bunun için telâşlanmayın, psikolojik ve tıbbî çarelere başvurun, sabırla bekleyin.

30) Çocuğunuz parlak zekâlı olabilir, ama bu onun illâki olgun olduğunun işareti değildir. Zekâyla olgunluk ayrı ayrı gelişir. Onun için zeki olmak, ilkokula erken başlatmak için bir sebep değildir; ama anaokuluna vermek faydalıdır.

31) Evde çocuğu öğrenimine heveslendirici bir muhit meydana getirin, ama ders dışı özel programlarla onu bunaltmayın. Derslerini ihmal ettirmeyecek düzeyde spor yapmasını, eğlenmesini, nefes almasını teşvik edin.

Yukarıdaki önerilere uyulduğu takdirde, çocuğunuzun okul başarısızlığı büyük ölçüde sona erecektir.

Problemli Çocuklarınızla İlişkileriniz Nasıl Olmalı?

Problemli bir çocuğa karşı şu üç davranış geliştirilmelidir: Çocuğunuzu iyi tanıyın, ona güven verin ve problemin kaynağını tespit edin. Bundan sonra çözüm çok kolay olacaktır.

L. COLE

Her aile kendi çocuğuyla az çok problemler yaşar. Problemli çocuklar zamanında izlenip gerekli tedbir alınmazsa, problemler büyür, zaman zaman da hem aileyi hem de çocuğu sıkıntıya sokar.

Problemli çocuklar karşısında bazı aileler geniş bir hoşgörü sunarlar. Problemin bu şekilde halledileceğini düşünürler. Bazı aileler de sıkı bir disiplinle netice almak isterler. Bu iki yaklaşımın da sakıncaları vardır.

Peki, problemli çocuklarla ilişkiler nasıl sürdürülmeli ve neler yapılmalıdır?

A- Çocuklarınızı iyi izleyin

Her çocuk, ismi gibi çocuk ve küçük değildir. Onların hayalleri, beklentileri, hedefleri ve elde etmek istedikleri sonuçlar son derece büyüktür. **"Bu daha çocuk; ciddî konulardan ne anlar? lar? O, bunu bilmese de olur!"** gibi göz ardı etmek ve dikkate almamak, yapılan hataların başında yer almaktadır.

Çocuğunuzun davranışları, huyları yaklaşımları ve beklentileri konusunda ayrıntılı bilgi sahibi olmalısınız. Nelerin yapıldığı, nelerin yapılmadığı zaman nasıl tepki vereceğini bilmelisiniz. Bu bilinmezse, çocuğunuzun davranışlarına göre tavır belirlemeniz zor olur.

B- Çocuğunuzu Dinleyin

Aile fertleri, özellikle de anne baba, çocukları bir büyük adam gibi dinlemede anlattıklarına değer verdiğini davranışlarıyla göstermelidir. **"Hadi oradan! Sen ne bilirsin? Daha bacak kadar olmadan boyundan büyük işlere karışıyorsun."** gibi küçük düşürücü ve kırıcı sözler, çocukla aile arasındaki iletişime büyük zarar verir.

Çocuğun anlattıkları dinlendiği takdirde, anne babası tarafından sevildiğini, kendisine değer verildiğini ve o ailede yeri olduğunu anlayan çocuk, ailede bir uyumun oluşması için katkıda bulunmaya başlar, çok zaman da bu katkı için fedakârlıkta bulunur.

"Onlar bana değer veriyorlar, benim de üzerime düşeni yapmam lâzım. Onları üzmemem lâzım diyebilir." (Erbil, 1997: 41)

C- Her Konuda Çocuğunuzu Bilgilendirin

Çocuğunuz, istemediğiniz davranışlar içinde olabilir. Okulda, sokakta ve evde yaramazlık yaparak sürekli sizleri üzüyor olabilir. Verdiğiniz emirlere uymuyor, bazen de tersini yapıyor olabilir. Bu durum karşısında panikleyip şiddete başvurmaya asla gerek yoktur.

Yapılacak iş şudur:

Çocuğunuzu karşınıza alıp veya elinden tutarak bir parka veya kıra gezmeye götürüp, önce sevgi ve dostluk mesajları vermeniz gerekecektir. Yani çocuğunuz sizden ürküp korkmamalı ve kaçmamalıdır.

Bu temin edildikten sonra, çocuğunuzun yaptığı istenmeyen davranışlarının sonuçları üzerinde konuşabilirsiniz.

Bu nasıl yapılmalıdır?

Arkadaşıyla kavga ettiğinde, **"arkadaşıyla kavga edenin, diğer arkadaşları tarafından terk edileceğini, öğretmeninin gözünden düşeceğini, herkesin kendisine yaramaz ve olumsuz bir gözle bakacağını, bu şekilde de yalnız kalacağını"** anlatın.

Eğer okuldan kaçmış veya ders çalışmayı bırakmışsa; **"okumadığı takdirde, bir amele, bir fırın işçisi veya belediye çöpçüsü olabileceğini, o zaman arkadaşları içinde çok üzülebileceğini ve birçok imkânı elden kaçırmış olacağını"** ifade edin.

Eğer evde sürekli yaramazlık yaparak bazı şeyleri kırıp döküyorsa, **"annesini ve babasını çok üzdüğünü, bundan dolayı annenin sık sık hasta olduğunu, anne hasta olunca da yemeklerin yapılamayacağını, çamaşırların yıkanamayacağını, evdeki temizliğin de yapılamayacağını"** hissettirmeye çalışın.

Bu misalleri artırmak mümkündür.

Her problemli çocukla konuşmanın bir yolu, bir metodu ve bir üslûbu vardır. Yeter ki anne baba bu bilinçte olsunlar.

Çocuklar yaptıkları olumsuz davranışlardan dolayı sık sık bilgilendirilmelidir. Neden ve niçinlerin de anlatılmasıyla, çocuk yaptığı olumsuz davranışın farkına varacaktır.

D- Çocuğunuza Güven Verin

Çocukların davranış bozukluklarından büyük kısmı, anne ve

babası tarafından sevilmediği ve dışlandığı varsayımına kapılpıldığı için ortaya çıkar.

Çocuklar dışlandığını ve ilgilenilmediğini anlayınca, kendi varlığını ispat etmek ve dikkatleri üzerine çekmek için, hayret uyandırmak için sürprizler yapmaya başlarlar.

Ya kendi kendilerine zarar verirler, ya içine kapanırlar ya da aşırı saldırganlık içine girerler. Bu şekilde herkesin pervane gibi etrafında dönmesini beklerler.

Bu olumsuzlukları ortadan kaldırmak veya meydan vermeyecek tek çözüm, anne babaların çocuklarıyla ilgilenmeleri ve çocuklara güven vermeleridir.

Anne ve baba ilgisinden dolayı, çocuk: **"Anne babam beni de seviyor."** anlayışını elde ederse, bu yöndeki birçok problem kendiliğinden ortadan kalkmış olur.

E- Çocuğunuzu Destekleyin ve Cesaretlendirin

Çocuğunuzun yetenekli olduğu alanlarda, onun hoşuna gidecek ve onu onore edecek sözler söyleyin.

"Bu ne güzel resim, bunu sen mi yaptın? Gerçekten şaşırdım. Demek sen bu alanda çok çalışıyorsun. İnanıyorum ki bu tempoyla çalışmayı sürdürürsen daha güzellerini yapabilirsin." gibi destekleyici ve teşvik edici yaklaşımlar, çocuğu yüreklendirir ve temposunu artırır.

Çocuk, yaptığı çalışmaların takdir edildiğini ve beğenildiğini gördükçe, yeni çalışmalar yaparak, aile bireylerine göstermek ve onlardan bir **"aferin"** daha almak için sabırsızlanır.

Hatta onların yaptığı çalışmaları, zaman zaman çok değerli bir eser gibi satın alın.

Yaptığı çalışmalara destek verdiğinizi göstermek ve onu daha da özendirmek için, o alanla ilgili hediyeler, araç ve gereçler alarak, çocuğunuzun yanında olduğunuzu gösterin. Bu, o çocuğa sınırsız bir mutluluk ve büyük bir cesaret verecektir.

F- Evinizde Her Aile Ferdi İçin Belli Kurallar Oluşturun

Çocuklar hayat disiplinini, çalışma düzenini ve davranış şekillerini, şüphesiz ki, anne ve babasından alırlar. Çocuk gözlerini açıp etrafını tanımaya başladıktan sonra, her şey onun dikkatini çeker ve merak konusu olur. İşte bu aşamada ailede ne görürse onu taklit etmeye başlar.

Eğer ailenizde belli bir düzen ve disiplin varsa, çocuk da bu düzene uyacaktır. Eğer böyle bir alışkanlık yoksa, ona düzenli bir alışkanlık kazandırmak çok zor olacaktır.

Anne baba en azından evde sigara içmiyorsa, eve zamanında gelip gidiyorsa, birbirlerine karşı saygılı ve hoşgörülüyse, kavga ve tatsız davranışlar yoksa, kitap okuma alışkanlığı, düzenli uyku alışkanlığı varsa, bütün bu düzenli yaşam ve disiplin örneklerini çocuk aynen kopya edecektir. Bunun tersi düşünüldüğünde ise, **"problemli çocuk"** diye nitelenen olumsuz davranış örnekleri ortaya çıkacaktır.

Çocukları, aile bireylerinin sözlerinden ziyade yaşantıları ve davranışları etkileyecektir. Düzenli aile yaşamı ise, çocuğun davranışlarının olumlu olmasına katkıda bulunacaktır.

Artık günümüzde,* "problemli çocuk" *diye bir kavram yoktur. Esas problem, aile bireylerinin eğitimsizliği, bilinçsizliği ve yanlış davranışlarıdır. (Erbil, 1997: 26)

Kardeşler Arasındaki Denge Nasıl Kurulmalı?

Çocuksuz aileler, susuz ağaçlar, kokusuz güller ve neşesiz yapraklar gibidir. Çocuklar aileleri hayata bağlar, onları canlandırır ve ümitlendirir.

Prof. Dr. Mustafa ÖZSOY

A- Ailede "Kardeş" Problemleri

Her aile, çocuklarla ilgili bazı problemler yaşar. Tek çocuklu aile de, çok çocuklu aile de bu problemlerle karşı karşıyadır.

Tek çocuklu olmanın veya çok çocuklu olmanın ne tür problemler getireceğini bilen anne babalar, kısmî de olsa bir rahatlık içinde olurlar. Ama, kardeşler arası problemleri bilemeyen ve bu dengeyi kuramayan aileler ise, oldukça yüklü bir sıkıntıyı göğüslemek zorunda kalırlar.

Kardeşlik bağı, bir sevgi kaynağı gibi düşünülürse de, kardeşler arasında önemli problemler söz konusudur. Kardeş grubu, istemsizce oluşturdukları rekabet nedeniyle bozulabilir. Bazı uzmanlara göre kardeşlik öncelikle rekabettir. Kardeşler düşman doğar. Bazılarına göre, çocuk, annesinin yalnızca kendisine ait olmasını, diğerlerinin anne gözünde kendi kadar önemli olmamasını ister.

Bir kız çocuğunun çok ablası varsa, annesi ile tam bir özdeşim kurması mümkün değildir. Büyük kız kardeşler, anne ile olan ilişki konusunda küçüklerine oranla daha avantajlıdırlar.

Teorik açıdan eğer anne sevgisi eşit dağılıyorsa, kardeşler arasında rekabet olmaması gerekir. Fakat rekabet, ne eşit dağıtım, ne de elde edilenlerin eşit olması ile ilişkilidir. Çoğunlukla çocuk, böyle bir dağıtımda eksik bırakıldığı duygusuna kapılır. Aslında, annelerin rekabet duygusunu engelleyememesi, eşit dağıtım yapıp yapmadıklarına ilişkin kaygıya dayanır. Aksine rahat, kaygısız davranan, kişisel problemlerinde teorik cevaplar aramayan anneler, kardeşler arası gerilimi daha kolay azaltırlar. Kardeş kıskançlıkları, annenin ihmalkârlığı veya çok dikkatli olması hâlinde daha önemli hâle gelir. (Yavuzer, 1999: 103)

B- Yaş Sıralarına Göre Yaşanan Problemler

Kardeşler arası ilişkinin yapısı, sıra ve cinsiyetine bağlıdır. Çocukların yaş sırası, anne baba ve diğer kardeşleri karşısındaki önemini de belirler. Bir başka ifadeyle, çocuğun ailedeki önemine, cinsiyeti ve yaş sırası etki eder

Bunları şöyle belirtmek mümkündür:

1) BİRİNCİ ÇOCUK

İlk çocuk, ailenin bütün ilgi ve ihtimamını üzerine toplamıştır. Her arzusu yerine getirilir. Bir problemle karşılaşmaz. Ta ki bir kardeşi olana kadar. Aileye katılacak yeni üye, çocuğu endişeye sevk eder. Kendisine yönelen sevgiyi başkasıyla paylaşmak istemez. Bundan dolayı kıskançlık duyar. Bu durum belli bir ölçüyü aşmadığı takdirde normal sayılır. İlgi ve sevgiyi başkası ile paylaşmak ve hatta anne sevgisini yitirmek endişesi çocukta kaygı uyandırır. Gebeliğin son aylarından itibaren annenin ağırlaşan durumu nedeniyle onunla ilgilenmemesi, kucağına alamayışı çocukta değişik duyguların meydana gelmesine yol açar. Huysuzlaşmış ve hırçınlaşmıştır. Kafası değişik sorunlarla doludur. Gelen çocuk kız ise sevildiğine karar verir, şayet yet erkek çocuğu ise kendisi var iken başka bir erkek çocuğun gelmesine anlam veremez. Birkaç gün sabreder, gelen misafir gitmiyorsa artık duygularını dışarıya vurur. Dikkatleri üzerine çekmek için bebek emzirirken annesinin kucağına oturmak, hatta biberonundan emmek ister. İdrar ve kakasını altına kaçırır. Ya da kıskançlığını onu seviyormuş gibi dışarıya vurur. Herkesten daha fazla sevdiği izlenimi uyandırmak ister. Aile bireylerinden kardeşini severken dikkatli olmalarını ister. "Onu öyle tutma, düşürürsün." gibi telkinlerde bulunur. Çocuk burada anne sevgisini kaybetmek endişesiyle kıskançlığını dışarıya vurmamıştır.

Çocuğu bu duygu ve kıskançlık girdabından kurtarmak için anneye önemli görevler düşmektedir. Anne, sevgisini esirgememelidir. Annesinin sevgisini kaybetmediğini anlayan çocuk zamanla sakinleşir. Bu duygular zamanla olumlu hâle gelirken, menfî olanlar ise azalmaktadır. Normal bir şefkat ve sevgi ile çocuğun bu dönemi rahat atlatması sağlanır.

Anne ve ailenin diğer fertleri bebeği çocuğun önünde gösterişli bir şekilde sevmekten uzak durmalıdırlar. Ona da vakit ayırmalı, uyku zamanında yatağına yatırarak masal söyleyerek uykuya girmesi sağlanmalıdır.

Anne babalar ilk çocuklarına haddinden fazla ilgi ve şefkat gösterirler. Hem çok sevilir, hem de çok sıkı bir gözetim altında tutulur.

Tek çocuklu ailelerde ise, aşırıya kaçan koruma çocuğu şımarık yaptığı gibi pısırık da yapabilir. Bilinçli veya bilinçsiz olarak kıskançlık görülür. Anne ve babanın hareketlerine çok dikkat etmeleri gerekir. Bebek doğmadan diğer çocukları ruhen hazırlamak gerekir.

2) ORTANCA ÇOCUK

İkinci çocuğun aileye katılması birinci çocuk kadar heyecanlı olmaz. Anne ve baba artık deneyim kazanmışlardır. Birinci çocuktaki beklenti ve baskılar ikinci çocukta görülmez. İkinci çocuk normal doğrultuda gelişmesini sürdürür. Kendisi ile oynayacak abi veya ablası vardır. Çevreye uyumu gayet iyidir. Daha çabuk arkadaş edinir. Kıskançlıkla büyüdüğü için girişkendir. Bazı psikologlara göre kişilik geliştirme yönünden en güç durumda olanlar, ikinci çocuklardır. Birinci çocuğun liderlik ve kendine güveniyle son çocuğun mücadeleci kişiliği arasında nasıl hareket edeceklerini bilmediklerinden güçlük çekerler. Bu sebeple bunlar sessiz ve silik bir kişilik geliştirirler.

3) EN KÜÇÜK ÇOCUK

Anne ve babanın yaşlanması nedeniyle ilk çocukta gösterilen otorite kaybolmuş, onun yerini yumuşama almıştır. Son çocuğa bebek gözüyle bakılır. Çocuk bu ayrıcalıktan istifade eder. Bunda genel olarak iki türlü davranış görülebilir.

a) Ailede belli bir yeri kapmak için çalışmak.

b) Çocukça davranışlar göstermek. Büyümesine rağmen küçüklük psikolojisinden kurtulamaz. Bencil ve şımarıktır. Çünkü ortam buna gayet müsaittir.

Küçük çocuk, aile fertleri içerisinde en tecrübesizidir. Onlara yetişmek için kendini zorlar; bu da onu rahatsız eder. Ailede kendine yer bulmak ve ne olduğunu onlara kanıtlamak için olumlu ve olumsuz davranışlar sergiler. Olumsuz davranışların çoğu çocukçadır. Bunlar böyle olsa da mücadeleci bir kişilik geliştirirler. Çoğu kere benlikçidirler. (Yakut, 1997: 48-50)

C- Kardeşler arası ilişkilerde, anne baba neler yapmalı?

1) Anne baba, kardeşler arası ilişkilerde daima uzlaştırıcı olmalı, taraf olmamalıdır.

2) Çocukların hepsinin aile içinde önemli, eşit olduğu göstemeli ve bu duygu yaşatılmalıdır.

3) Kardeşlerin birbirlerini şikâyet etmelerine prim verilmemelidir.

4) Çocuklar kavga sonrasında cezalandırılmamalıdır.

5) Çocuklar arasında kavgaya neden olan alanlar ve konular belirlenmeli, bunun nedenleri ve çözümleri araştırılmalıdır.

6) Kardeşler arasında, paylaşım konusunda yol gösterici bir tutum içinde olunmalıdır.

7) Kardeşler kavga ettiklerinde onlara bağırma, kızma yerine, iki tarafın da sakinleştirilerek kavgaların nedenleri konuşulmalıdır.

8) Kardeşler arası yaş farklılığının, fiziksel açıdan güçlü olmanın sorunları çözümlemede yeterli olmayacağı çocuklara gösterilmelidir.

9) Kardeşler arasında: "Sen büyüksün, o küçük." gibi kıyaslamalar yapılmamalıdır.

10) Anne babanın kardeş kavgalarında yargılayıcı rollerde olmayıp daha çok çocukların birbirlerini anlamaları konusunda uzlaştırıcı olmaları gerekmektedir.

11) Kardeşlerin sorumlulukları, dışarı çıktıklarında birbirlerine verilmemelidir.

12) Sürekli kavga eden kardeşler birbirlerinden uzaklaştırılmamalı, tersine aralarında sağlıklı bir iletişimin ve etkileşimin oluşabilmesi için daha çok zaman diliminde birlikte olmalarına gayret edilmelidir.

13) Kardeşlerin birbirlerini bir rekabet ortamında değil, birbirlerine yardımcı olan kişiler olarak görmesi geliştirilmelidir.

14) Aile ortamında kardeşlerden birinin sürekli kavga çıkarması önlenmelidir. Çocuk bu açıdan incelenmeli, gerekirse bir uzmandan yardım alınmalıdır.

15) Aile içinde çocukların kendilerini sergilemelerine fırsat verilmeli, olumlu davranışlar desteklenmelidir.

Sonuç olarak; kavga eden kardeşlerin uyumunda aileye büyük görev düşmektedir. Anne baba çocuklarına eşit zamanda ilgi, sevgi göstermeli ve yaşatmalıdır ki, çocuklar da bu eşitlik içinde sosyalleşmesini kavgasız ve sorunsuz bir biçimde oluştursun, gelişmeyi sürdürebilsinler. (Kaya, 1998: 99-100)

Çocuklardaki Davranış Bozukluklarına Karşı Ne Yapılmalı?

Kendini güven içinde hissetmeyen çocuk, hem problem olur, hem de problem yaşatır.

Dr. Cengiz ŞAHİN

Çocuklarda çok sık görülen davranış bozuklukları vardır. Bunlar aileler tarafından erken fark edilir ve gerekli tedbirler alınırsa, uzun süreli olmaz ve çocuğa da zarar vermez. Eğer aileler davranış bozukluklarını görmezlikten gelirler veya nedenleri ve çözümü üzerinde durmazlarsa, çocuğun hayatında kalıcı izler bırakır.

Çocuklarda çok sık görülen davranış bozukluklarını şu şekilde sıralamak mümkündür:

A- Korkular

Çocukluk yıllarında çok sık görülen korkular bazı kimselerde bir ömür boyu sürebilir. Korku, insana Allah tarafından bahşedilen, canlı organizmanın kendisini savunmak amacıyla gösterdiği bir tepkidir.

Genelde insanda bilinmeyen şeylere karşı bir korku olmasına karşın, görünen ve görünmeyen şeyler de çocuklarda korkulara neden olur.

Korkunun çocuklarda başlangıç yaşı 2-3 yaş dönemlerine rastlar. Ki bu dönem çocuğun zihinsel olarak geliştiği devredir. Çocuklar bu dönemde daha çok yüksek şeylerden korkarlar. Korkuların nedenini tespit etmek çok zordur. Nasıl meydana geldiği hâlen bilinmemektedir. Telkinler sonucu mu yoksa iç güdüsel olarak mı oluştuklarını ayırmak çok zordur.

Çocukta 3-4 yaşına geldiği zaman karanlık, hırsız, dilenci ve öcü korkusu başlar. Korkulara gösterilen tepki de yaşa göre farklılık arz eder. Yaş ilerledikçe korkular da artmaktadır. Çevre faktörü önemli olduğu gibi, ortam da çocukta korkuya neden olmaktadır.

Bazı ailelerde korku, çocukları susturmak için bir nevi baskı olarak kullanılmaktadır. Bu şekilde çocuğun içine korku salmak, hiç iyi bir davranış değildir. Anne babadan ayrı kalma korkusu çocuklarda sık görülmektedir. Aşırı bir şekilde korunan çocuklarda güven duygusu gelişmediği, deneme ve yanılma yolu ile öğrenmeyi bilmedikleri için çocuk her şeyden ürker ve korkar.

Eğitimcilere ve anne babaya önemli görevler düşmektedir. Telkin, korkuların meydana gelmesinde en büyük etkendir. Bu nedenle hatalı ve yanlış bir eğitim çocuklarda korkulara yol açmaktadır. Bu çocuğu korkulardan arındırmak onların tutumuyla ilgilidir.

Korkudan dolayı çocukla alay etmek veya sert tavır göstermek çocuğu içinde bulunduğu ortamdan çıkarmaz. Her şeyden önce korkunun nedenini araştırmak gerekir. (Yakut, 1997: 84)

B- Yalanlar

Yalanın ne kadar kötü bir davranış olduğu herkes tarafından bilinmesine ve ayıplanmasına rağmen, günlük hayatta çok sık başvurulur. Hele çocuklarda daha fazladır.

Yalan, yapılan hatayı gizlemek ve başkalarını yanıltmak için yapılan bir davranıştır. Çocuklarda doğruyu söylemek zamanla gelişir. İyiyi, kötüyü ya da gerçek olanı, olmayanı öğrendikten sonra da yalan söylemeye devam ediyorsa bu davranışın temelinde yatan uyumsuzluğun ortaya çıkarılması gerekir.

Aşağılık kompleksi, kıskançlık ve suçluluk hissi çocuğu yalan söylemeye sürükler. Çocuğa suçunu zorla kabul ettirmek de onu yalana zorlar. Çocuğun her hareketine karışmak, rahat bırakmamak iyi bir hareket değildir. Fazla ilgilenme çocuğu yalan söylemeye alıştırır.

Yalan konuşulduğu zaman insanların davranışlarında bazı değişmeler olmaktadır.

Yalan söyleyen çocuklar gayriihtiyarî olarak ellerini yüzüne götürürler. Yalan konuşma esnasında bu el hareketlerinde artma olmaktadır. Hatta çocuklar yalan konuştukları zaman elleriyle ağızlarını örterler. Yalan esnasında vücutta birtakım fizyolojik değişiklikler olmaktadır. Kan basıncı ve kalp çarpıntısı artar ve ter bezleri fazla ifrazat yaparak terleme olur. Bu esnada burunda da kaşınma meydana gelir. Bundan dolayı yalan esnasında eller sık sık buruna gider.

Yalan söyleyen kişi gözlerini daima konuştuğu kişiden kaçırmaya çalışır. Yalan söylemenin verdiği huzursuzluktan dolayı pozisyonunu devamlı olarak değiştirir. Oturduğu yerden öne arkaya ya da sağa sola hareket eder. Tüm bu davranışları birer ip ucu olarak kabullenmek bizi hata yapmak ihtimalinden uzaklaştırır, ancak kesin deliller olarak kabullenmek ve bir yargıya varmak doğru değildir. (Yakut, 1997: 86)

C- Hırsızlık

Küçük yaşlarda çok sık görülen bu davranışlar, çocukların kurallara uyma bilinci gelişmediğinden ileri gelmektedir. Hırsızlık, bir uyum ve davranış bozukluğu olarak kabul edilmektedir.

Başkalarına ait olan mal ve eşyalara saygı gösterilmesi hususu ve çalmanın doğru bir hareket olmadığı çocuğa öğretilmelidir. Yedi yaşından itibaren düzenli harçlık verilmeli ve özel eşyaları olmalıdır. Çocuk bu şekilde dürüst davranmayı zamanla öğrenecektir. Anne baba da bu konuda başka kimselere saygılı davranarak, kişilik haklarını gözeterek çocuğa örnek olmalıdırlar. Dengeli ve tutarlı bir kişilik göstermeleri çok önemlidir. Aşırı sevgi ve katı tutumdan özenle kaçmalıdırlar.

Okul döneminde görülen hırsızlık fiili üzerinde durularak sebepleri araştırılmalı, bunların arkasında gizli ruhsal sorunlar ortaya çıkarılarak tedavi cihetine gidilmelidir. Evde olan çalmalar üzerine fazla gidilmesi iyi değildir. Eve yeni bir kardeşin gelmesi çocuğu bu harekete sevk edebilir. Çocuk yeni kardeşin gelmesiyle anne baba sevgisini yitirdiğini kabullenir. Çeşitli yollarla bu kaybedilen sevgiyi geri getirmek için bu tür davranışlara yönelir. İşte çalma da bu davranışlardan birisidir.

Yapılacak şey, çocuğun bu hareketleri karşısında öfkelenmeden, kızmadan ve aynı zamanda hırsız damgası vurmadan soğukkanlı davranmaktır. Çalınan eşya, para ya da oyuncak geri verilerek bu davranışın bu şekilde benimsenmediği gösterilmelidir. Dövme, evden kovma ve suçlamalar çözüm getirmediği gibi ona haklılık kazandırır. Hoşgörülü ve bağışlayıcı davranışlar sergilemek daha tutarlı bir yoldur. (Yakut, 1997: 87)

D- Saldırganlık ve Öfke

Saldırganlık, vurma, kavga etme, başkalarının isteklerini engelleme gibi incitme veya kaygı yaratan davranışlardır. Ancak bir çocuğun diğer çocuğa kasıtlı vuruşu, çeşitli şekillerde yorumlanabilir.

Öfke de çocuklarda küçük yaşlarda meydana gelir. Bu nedenle öfkeye alıştırılmaması gerekir. Yoksa değişik biçimlerde dedevam eder. Öfke karşısında çocuğun her isteğinin yapılması doğru bir davranış değildir. Çocuk her isteğini yaptırmak için böyle bir harekete başvurur ve alışkanlık hâline getirir.

Öfke ve saldırganlık, çocuk dünyası ile yetişkin dünyasının çatışmasından doğar. Yetişkinlerce çocuğa önem verilmemesi, çocuğun öfkesini artırır. Üç dört yaşında çocuk kendisini önemli bir varlık olarak görür. Her şeyin kendisi için olduğunu kabul eder. Bu dönemde toplum kurallarını öğrenmemiştir. Bu sebeple karşısına çıkan her engel onu öfkelendirir ve saldırgan yapar. Bu çocuklara yardımcı olmak ve doğru olanı göstermekle beraber, fazla cömert olmak iyi değildir. Yoksa çocuk öfkenin faydalı olduğunu öğrenir ve devam ettirir. Ayrıca bu tip çocuklar için mutlaka uzman bir pedagoga başvurmak gerekir.

E- Güvensizlik

Güvensiz çocuk, yetersizlik duygusu içinde olan, kendisini akranlarıyla kıyasladığında sürekli eleştiren ve eksiklerini gören kişidir. Güvensizliğin temelinde, kapasite yetersizliği olabildiği gibi ana baba, öğretmen ve yakın çevre şartları da yer alabilir.

Ana babasının aşırı baskısı ile karşılaşan, sürekli aşağılanan ve başka kardeş ya da arkadaşlarıyla kıyaslanan çocuk, güvensizdir. Annenin aşırı koruyucu tavrı nedeniyle gençlik çağına geldiği halde kendi başına tırnağını kesme, ayakkabılarını bağlama, pijamasını giyme, banyo yapabilme fırsatını bulamayan çocuk, güvensizdir.

Sınıftaki başarısızlıkları nedeniyle öğretmeni tarafından aşağılanan, arkadaşlarıyla sürekli kıyaslanan ve azarlanan, arkadaşları arasında tembel damgası yiyen çocuk da güvensizdir.

İşte bu ve benzeri sebepler, çocuğun kendine olan güvenini

azaltır. Özgüveninin azalması, "benlik saygısının" azalmasına sebep olur. O da çeşitli uyum ve davranış bozukluğu belirtilerinin sebebidir.

Çocuğun güvensizliğinin temelinde, annenin ezilmişliği, baskılı bir çocukluk dönemi yaşamış olması da yatabilir. Böyle bir çocukluk döneminin ardından, güvensiz anne güvensizliğini, kaygılı anne kaygısını, korkuları olan anne ise korkularını çocuğa yansıtır. Çocuk, özdeşim modeli olan annede rastladığı kişilik özelliklerini kendi şahsında yaşar.

F- Okul Başarısızlıkları

Okul başarısızlıkları genelde öğretimin her kademesinde görülür. İlkokuldan başlayarak, yüksek öğrenimin her kademesinde ve değişik sebeplerle ortaya çıkar. Çocuğun bizzat kendisini ilgilendiren sebepler, okul ve çevreden kaynaklanan etkenler ve yakın çevre dediğimiz aileden kaynaklanan sorunlar gibi... Çocukta mevcut olan potansiyelin kullanılması teşvik edilmeli ve başarıları övülmelidir.

Sağlıklı olmayan bir çocuk okulda başarılı olamaz. Görme ve işitme özürlü çocuklar, ruhî dengelerinde sarsıntılar bulunan çocuklar, konuşma bozuklukları olan çocuklar, arkadaşlarıyla iyi ilişkiler kuramayan çocuklar, özellik ve kabiliyetlerine göre düzenlenmiş bir eğitime muhatap olan çocuklar başarısız olabilmektedirler. Okuldaki eğitim programları çocukların özellikleri dikkate alınarak hazırlandığı ve grup çalışmalarına yer verildiği ölçüde başarı artar. Fert bazındaki eğitim daha başarılı sonuçlar vermektedir. Anne babanın eğitim seviyesi ve eğitim hakkındaki görüşleri çocuğun okul başarısını etkiler. Öğrenim durumu yükseldikçe başarı oranı da o nispette artmaktadır. Çocuklara yeterince zaman ayırmak da başarı grafiğini yükseltir. Ailedeki diğer fertlerin eğitim durumları ve çocuğun okul değiştirmesi uyumsuzluğa, dolayısıyla da başarısızlığa sebep olmaktadır. Başarının bir şartı da çocuğa mutlaka yardımcı olmaktır. Ana babalar bu gerçeği bilmeli ve ona göre davranmalı ve ona göre hareket etmelidir.

G- İnatçılık

İnatçılık, çocukta benliğini gösterme ihtiyacından kaynaklanır. Daha önceki bölümlerde söylediğimiz gibi, çocuk başlangıçta annesine bağlıdır. Bu durum 3-4 yaşına kadar devam eder. Bu yaştan sonra başkalarının varlığından haberdar olur. İsteklerinin onlar tarafından da karşılandığını görür. Bu durumda çocuk kendisinin büyükler gibi olması gerektiğini anlar. Bu şekilde bağımsız hareket etmeye başlar. "Yap" denileni yapmaz, "Yapma" denileni yapar. Bu davranışlar 3-4 yaşlarındaki çocuklar için tamamen normaldir. Bu devrede görülen inatçılık kız çocuklarında erkek çocuklara nazaran daha erken görülebilir.

Üç dört yaşlarında başlayan bu dönemdeki inatçılığın süresi genelde normal şartlarda bir yıl kadar devam eder. Psikolojide bu döneme "benliğini gösterme" denir.

Ana baba, çocukta normal olarak görülmesi gereken bu durumu doğal karşılarsa ve üzerine fazla gitmezse, bu dönemin problemsiz bir şekilde atlatılması sağlanabilir. Aksi takdirde çocuğun üzerine gidilirse, ruh sağlığı yönünden çocuğa bazı zararlar getirebileceği gibi, bu hâlin kökleşmesine ve uyumsuz bir kişilik geliştirmesine neden olur.

İlk çocukluk devrelerinde görülen inatçılık, çocuğun kişiliğini içine alan ve benliğini gösterme ihtiyacını duyduğu bir dönemdir. Ergenlik öncesi görülen inatçılık yılları ise bağımsızlığını elde etme çabasından doğar. Her iki dönem de tamamen normaldir ve anne baba tarafından dikkatle izlenmelidir. Ne bu isteklerin kökleşmesini sağlayacak kadar baskı, ne de fazla hoşgörü doğru değildir. Çocuğu kendi hâline bırakmalı, onu uzaktan takip etmeli, endişelerimizi hissettirmeden kontrol etmeliyiz. Bu şekilde ilgilenir gibi görünmek en tutarlı davranıştır.

Çocuk, inatçılık belirtilerine gösterilen tepkilerle karşılaşarak bu huyundan zamanla vazgeçer. Fakat anne baba ve öğretmenler tarafından uygulanacak dayak, kötü söz ve onu yalnızlığa itme gibi davranışlar, çocuğu menfî yöne sürükler. Kendini savunmak için bu davranışlarını sürdürür. Baskı daima mukavemeti davet eder, artmasına yol açar. Eğitimcilerin bu şekil sert tutumları çocukta yeni uyanmaya başlayan ve sağlam bir kişilik için gerekli olan "benlik"in körleşmesine ve bunun neticesi olarak da "silik, pısırık" bir kişilik gelişmesine sebep olur. (Yakut, 1997: 60)

Yapılacak şey şudur: Çocukla diyaloğu koparmamak, onun fazlaca üstüne gidip, damarına dokunmamak, öğretmeninden ve uzman bir pedagogdan yardım istemek.

Doğru Davranış Kurallarını Nasıl Kazandırmalısınız?

Çocuklara, doğruyu, iyiyi ve güzeli göstermenin yolu, çok zor değildir. Bu yol; bilgi, istek ve sabırla aşılır.

D. GATES

A- Doğru Davranış Kurallarının Önemi

Çocuklarınıza bir doğruyu anlatmak, iyi bir davranışı kazandırmak ve güzel bir yaklaşımı göstermek için önce kendinizi, daha sonra da çocuğunuzu çok iyi tanımanız gereklidir. Eğer, öncelikle kendinizde bir eksiklik varsa bunu düzeltmelisiniz. Kendinizi düzeltemezseniz ve yeterli hâle getiremezseniz, çocuğunuza kazandırmak istediğiniz doğru ve iyi davranışları da tam anlamıyla gösteremezsiniz ve ortaya koyamazsınız.

Anî ve sert tepki veren, kızan, bağırıp çağıran, emreden, tehdit eden, eksik bilgiye sahip olan, davranış metotlarını bilemeyen, başarısız olduğunda çocuğu suçlayan ve daha birçok olumsuz davranış içinde bulunan bir anne ve baba, çocuğuna hangi "iyiyi" ve "doğruyu" kavratabilir?

B- Çocuklara doğru kurallar gösterilmeli ve iyi davranışlar sergilenmeli

Bunları şöyle sıralamak mümkündür:

1) Çocuklarınıza kazandıracağınız davranışın amacı onun so-

rumluluk almasını geliştirmek ve kendi kişiliğinin farkına varvarmasını sağlamak olmalıdır.

2) Çocuğunuza hoşgörü içinde ve yumuşak bir şekilde davranmanız, onun sizin davranışlarınızı taklit etmesini sağlar ve doğru davranışa özendirir.

3) Çocuğunuza değer verdiğiniz ve davranışlarını hoşgörüyle karşıladığınız takdirde, o da sizin sözlerinize değer verip sizi dinleyecektir.

4) Çocuk doğru olanı bildiği halde, yanlış yapmaya devam ediyorsa, buna sabır göstererek, doğru davranışlar göstermeye devam etmelidir. Yoksa yanlış davranışa sert tepki, onun daha da yanlış yapmasını veya yanlışta inat etmesini netice verecektir. Anne baba, şunu bilmelidir ki, çocuğun psikolojik dünyasında, doğru bildiği şeyleri bile zaman zaman yanlış yapma eğilimi vardır.

5) Çocuklara sürekli aynı şeyleri anlatmak onu sıkar. Yapmasını istediğiniz bir davranışa karşı ön yargı ve hatta tiksinti oluşturur. Bunun yerine, yapmasını istediğiniz bir davranışın nasıl yapılacağını yaşantınızda göstermeye çalışın.

6) Çocuğunuzun olumsuz davranışlarını zorla ve tehditle, kalıcı bir şekilde değiştiremeyeceğinizi bilmeniz lâzımdır. Sizin baskınızla değişiyor gözükür, ama başka yerde yapmaya devam eder. Çocukla ilgili bu gibi problemlerin aşılmasında en etkili metot, çocukla birlikte, onu kırmadan ona doğruyu göstermektir. Yoksa, sert emirlerle yanlışlar düzeltilemez.

7) Çocuğunuza, gününü ve zamanını nasıl plânlayacağını ve kullanacağını, canlı ve somut örneklerle gösterin. Tabiî ki, önce sizin gününüzü nasıl plânladığınızı ve nasıl verimli bir şekilde kullandığınızı çocuğunuz görmelidir. Zamanını anlamsız şeylerle dolduran bir anne ve baba: **"Kalk oğlum dersine çalış, sen bizim gibi yapma."** demekle çocuğuna etkili olamayacaktır.

8) Çocuğunuzla sürekli bir yakınlık ve diyalog kurmak için, büyük adam gibi karşınıza oturtun, birlikte çay veya limonata içerek dertleşin ve sohbet edin. Hâlini-hatırını, derslerini sorun. Yanlış giden bir şey varsa: **"Bunu nasıl düzeltelim?"** diye birlikte çareler arayın veya **"Seni bugünlerde daha iyi görüyorum."** diyerek onu cesaretlendirin ve ümidini artırın. O zaman çocuk kendiliğinden hızlanacak ve sizlere mahçup olmamak için çalışmasını hızlandıracaktır.

9) Çocuğunuza eşyalarını, giysilerini, çantasını, kalemini, defterini... vs. nasıl kullanacağını ve onların değerini kavratmaya çalışın. Bunun için en sağlıklı yol: **"Onlar, senin malındır. Bunları kullanmak ve korumak da senin vazifendir."** gibi sözlerle, ona mülkiyet ve malikiyet duygularını kazandırmaya çalışmaktır.

10) Çocuğunuza paranın ve parayı kullanmanın önemini kavratmalısınız. Öncelikle paranın bir araç olduğunu, iyi kullanılırsa faydalı kötü kullanırsa zararlı olduğunu göstermelisiniz. Parayı düzenli ve tasarruflu kullanmanın ne anlama geldiğini örneklerle ortaya koymalısınız. Bu şekilde çocuk, parasını rastgele değil, gerektiğinde kullanabilecek davranışı elde etmelidir.

11) Çocuklarınıza parayı her istediği zaman değil, haftada veya ayda bir kez verin. Verdiğiniz bu parayla, hafta veya ay sonuna kadar çıkması gerektiğini öğütleyin. Bu şekilde çocuk, bir daha para alamayacağını bilir ve parasını plânlı ve tasarruflu kullanma anlayışını kavrar.

12) Çocuğunuzun sırlarını alaya almayın ve bunlara değer verin. Eğer yanlış bir şey görürseniz, bunu, kırmadan ve üzmeden düzeltmeye çalışın.

13) Çocukların eğitimi konusunda anne baba arasında bir birlik ve bütünlük oluşturun. Çocuğa karşı davranışlarınızda farklı yaklaşımlar olmasın. Çocuğu biriniz kollarken, diğeriniz kızmayın. Bu, çok zararlı ve tehlikelidir.

14) Çocuklar arasında zaman zaman sürtüşmeler olacaktır. Anne baba bu durumda çok dikkatli olmalıdır. Tam anlamıyla bir hakem rolü oynamalıdır. Çocuklar bu şekilde hem bölüşüm ve paylaşım duygularını kazanırlar, hem de birbirlerine tercih edilmemelerinden dolayı, küsüp, dışlanmış hissetmezler.

15) Çocuklarınıza karşı yanlış bir şey yaptığınız zaman veya onları üzdüğünüzün farkına vardığınız zaman, onlardan özür dileyip gönüllerini almasını bilin. Yoksa çocuk sizden soğur ve size karşı bir antipati beslemeye başlar. Siz yanlış bir davranışınızdan dolayı çocuktan özür dilerseniz, çocuk da olumsuz bir davranışı için özür dilemeyi öğrenir.

16) Çocuğunuzla asla sert bir tartışma ortamına girmeyin. Sert tartışmanın galibi veya mağlûbu yoktur. Tansiyonu yüksek bir karşılaşmanın ortamı daha da çok gerginleştireceğini, birbirinizin gözünde olumsuz izlenimlerin daha da artacağını unutmayın.

17) Çocuğunuzdan bir şey isterken, ne istediğiniz değil, nasıl istediğiniz önemlidir. Ses tonunuz, yaklaşımınız ve davranış şekliniz, bazen en zor isteklerin bile kabul görmesini sağlar. Ama yaklaşımınız ve tavrınız olumsuz olduğunda, en basit isteğe bile "ret" cevabı alabilirsiniz. İsteklerinizde beden dilinize çok dikkat edin.

18) Çocuğunuzun yaptığı bir şeyden hoşlandığınızda bunun sebebini belirtin. Böylece niçin hoşlandığınızın nedenini çocuğunuz öğrenmiş olur. Bundan böyle de bu tür davranışları sürdürmek ister.

19) Çocuğunuzla birlikte iş yapma, birlikte gezme ve birlikte olma imkânı bulmaya çalışın. Bu, aranızdaki iletişimi hızlandırır ve birbirinizi daha iyi tanıma fırsatı verir.

20) Çocuğunuzun olumsuz davranışlarını ve yaptığı yanlışları asla başkasının yanında anlatmayın. Yalnızca kendisine söyleyin ve bir daha yapmaması hâlinde affettiğinizi ifade edin.

21) Çocuğunuzun yaptığı yanlış bir işe: **"Bu yanlış olmuş."** diyerek kestirip atmayın. **"Bu konuyu iyi düşündün mü? Şöyle olsa nasıl olurdu?"** gibi alternatifler sunun.

22) Çocuğunuzu olgunlaştıracak olan şey sorumluluk almasıdır. Bunun için de hata yapılmasını göze almak ve bunu kabullenmek gerekir.

Çocuğunuza ne kadar çok kural koyarsanız o kadar çok problem yaşarsınız ve disiplin sorununun çıkmasına yol açarsınız. Unutmayın ki, güce dayanan otorite, çocukları sizden uzaklaştırır. Bilgi ve hoşgörüye dayanan otorite ise yakınlaştırır, danışma ihtiyacı doğurur. Bu şekilde çocuğunuzu daha kolay etkilersiniz.

Çocuk Eğitiminde Disiplin, Ceza ve Dayak Tartışmaları

Çocuk, Allah'ın insanlara verdiği bir lütuftur. Çocuk dövülmek için değil, sevilmek için verilmiştir.

M. Akif ERSOY

A- Disiplin, Ceza ve Dayakla İlgili Yaklaşımlar Neler?

Çocuk eğitiminde disiplin, ceza ve dayak tartışmalarına çok sık rastlanır. Disiplin, ceza ve dayak kavramını değerlendirenlerin de çok farklı yorumları vardır.

Disiplin, ceza ve dayak unsurlarının eğitim değeri var mıdır? Varsa ne zaman ve nasıl uygulanır? Disiplin derken ne kastediliyor? Bunun dozu nedir? Cezanın eğitimdeki rolü ne kadardır? Dayağın çocuk eğitiminde bir fonksiyonu var mıdır? Varsa nedir, yoksa nedendir?

Bu ve buna benzer sorular, uygulamalar ve bunlarla ilgili problemler, toplumumuzun ve ailelerin her an gündeminde yer almıştır.

Aile bireylerinin ve hatta eğitimcilerin bu konulara bilimsel açıdan yaklaştıkları ve bu kavramların, uygulamayla hakkını verdikleri söylenemez.

Kabul etmek gerekir ki, bizim toplumsal değer yargılarımız, çocuklardan aşırı itaat ve uyum bekler. Çocukların çok soru sorması **"boyundan büyük işlere burnunu sokmak"** olarak değerlendirilir. Büyüklerin yanında konuşulmaz, onlar rahatsız olmasın diye oynanılmaz. Hatta misafirle aynı masaya oturtulmaz. Erkek çocukları hep yüceltilir, kızlar ise onların emrinde olmalıdır. Bu şekilde anne ve babalar çocuğun biyolojik ve ruhsal gelişim ve özelliklerinden bîhaber ve onları robot gibi kullanmak istemektedirler. Söz dinlemeyen çocuklar dayakla **"yola getirilir."** Ne demiş atalarımız? **"Nasihatle uslanmayanın hakkı kötektir."**

İşte böylesine bir anlayışla yetiştirilen çocuklar, yarın anne baba, öğretmen, idareci, siyasetçi, bürokrat olduklarında aldıkları bu yanlış **"terbiye"** sonucu benzeri tutumlarla çocuklara, öğrencilere, memur ve işçilerine, vatandaşlarına yaklaşmaya çalışırlar. (Kaya, 1998: 112)

Bu tür farklı yaklaşımlar ve yorumlar eğitime de yansımakta, çocuk yetiştirmede farkı değerlendirmelere neden olmaktadır. Bunun sonucu olarak da ortaya çıkan tablonun, bazen hiç de eğitimle bağdaşır bir yanı bulunmamaktadır. Bu problemlerin çözümü için, disiplin, ceza ve dayak kavramına bilimsel açıklamalar getirmek lâzımdır. Aileler de kendilerini yenileyerek, bilimsel yorumlara kulak vermeli ve davranışlarını gözden geçirmelidir.

B- Disiplin Nedir ve Nasıl Uygulanmalı?

Disiplin, çocuk eğitiminin bir parçasıdır. Bu nedenle çocuğun gelişiminde önemli rol oynar.

Disiplin, aile içindeki denge ve düzenin oluşturulmasında büyük önem taşır. Ancak disiplin çoğunlukla "cezalandırma" ile eş anlamda değerlendirilir. Her ne kadar kelime anlamıyla "katılık" ve "kuralcılık" gibi kavramları çağrıştırıyorsa da gerçek an-anlamda disiplin, çocuğun topluma uyumu üzerine yoğunlaşmakta, davranışçı yönlendirmeyi amaçlamaktadır. Öte yandan disiplin, "düzenli ve tutarlı bir hayat" anlamına da gelmektedir.

Disiplin, çocuğa istenilen davranış ve alışkanlıkları öğretmek, kendi kendini denetleme ya da iç denetim demek olan ahlâk gelişimini sağlamaktır. Bu da dıştan gelen bir zorlamayla olmaz. Önemli olan içten gelen bir sorumluluk duygusunun oluşturulmasıdır.

Disiplin, tutarlılık ve esneklik gibi bazı ikilemleri içerir. Bir yandan çocuğa kuralların tutarlı bir şekilde verilmesi gerekir. Öte yandan katı bir şekilde uygulanan kararlar hoşnutsuzluğun oluşumuna neden olabilir. Çocuklar bazen ebeveynin esnek davranmasını bekler. (Yavuzer, 1995: 91-92)

Disiplin, sevgi ve şefkatle beraber olmalıdır. Bu şekilde belirgin olmayan bir disiplin çocukların hayattan zevk almasını sağlar. Çocuğun kuralları öğrenmesi için zaman, yeteneklerini geliştirmesi için sabır göstermek gerekir. Olumlu hareketlerini desteklemek, kendisine olan güveni artırır.

Bu dönemdeki çocuğun gelişme periyodu iyi takip edilerek ona göre sorumluluk verilmelidir. Aile ortamını sıkı kurallarla yaşanmaz hâle getirmek de doğru değildir. Aile büyüklerinin işi güç gösterisi hâline dönüştürmeleri de tasvip edilmez.

Evdeki kuralları çocuk zamanla öğrenecektir. Bilmediği şeylere uyması beklenir ve uymadığı zaman da cezalandırılırsa büyük bir hataya düşülmüş olur. Bu duruma düşmemek için ondan neler beklediğimizi söylememiz ve yardımcı olmamız gerekir. Bu kuralları yapması için zaman tanımak ailede sorunları asgarî seviyeye indirir

Bazı ailelerde sıkı bir disiplin uygulanır. Tasarladıkları ve düşündükleri kıvama getirmek için çocuklar üzerinde sıkı bir denetim kurulur. "Çocuğun en küçük bir hatası affedilmez. Anne ve babaya karşı gelinmez ve hele hele hiç itiraz edilmez. Çocuk ne pahasına olursa olsun yola getirilmeli." düşüncesi ağırlıktadır. Ceza daima ön plândadır.

Bazı ailelerde ise tamamen bunun aksi gözlenir. Disiplin yok denecek kadar azdır. "Çocuktur yapar." düşüncesi hâkimdir. Çocuğa sayısız imkânlar tanınmıştır. Tüm bu imkânların yanında nerede duracağı öğretilmemiştir. Çocuk doğru ve yanlışları bilmemektedir. Öğretilse bile uygulama safhasına konulmamıştır. Çocuğa her türlü taviz verilmiştir. Böyle çocuklar genelde şımarık, bencil ve sorumsuzdur.

Çocuğun yaşı gereği olarak gösterdiği davranışları anne baba olarak bilmek ve hangi dönemlerde olacağının bilincinde olmak çocuğa haksız davranmanızı önler. Eğitimin verimli ve sağlıklı olması için çocukla iyi bir diyalog kurmakla beraber çocuğu çocuk olarak kabul etmek ve büyükler gibi davranışlar beklemek yanlış olur. Yapacağımız şey o yaşta olması gereken davranışları göstermesi için sağlıklı bir ortam hazırlamaktır.

Beğendiği davranışların düzeltilmesinde çocuğuna yardımcı olmak ve yeni şeyler öğretmek her anne ve babanın görevidir. (Yakut, 1997: 76-78)

C- Ceza Nedir ve Nasıl Uygulanmalı?

Ceza, çocukta gördüğümüz bir davranış bozukluğunu gidermek veya çocuğu istediğimiz yöne çekmek amacıyla uygulanan katı bir yöntemdir.

Yapılan bilimsel çalışmalarda, ceza yönteminin sürekli ve olumlu bir sonuç verdiği görülmemiştir. Belki de kısa süreli susturma ve çocuğun korkarak içine kapanması, bazen olumlu bir sonuç olarak değerlendirilmiştir. (Yavuzer, 1995: 94-95) Ama sonuç her zaman daha da vahim olmuştur. Çocuğun kin, öfke ve intikam gibi duygularını körüklemiştir.

Çocuğun olumsuz davranışları karşısında aileler ne yapmalıdır?

Disiplin, "**davranışı yönlendirme**" olduğuna göre, istenen davranışı yapması yönünde çocuğa ceza yerine diğer seçenekler sunulmalıdır. Şunu unutmamak gerekir: Çocukların gelişim kapasitelerinin sınırlı oluşu, benlik kontrolünün gelişimini etkilemektedir. Bu nedenle erişkinin koyduğu kurallar "açık," "basit" ve "yapılabilir" türde olmalıdır. Erişkin, çocuğu yönlendirirken tutarlı olmalı ve bazı davranış girişimlerinin süreklilik kazanabilmesi için övgüden yararlanmalıdır.

Davranışı yönlendirirken yapılan ilk hata yanlış davranışı görmezlikten gelme, ikinci hata ise ilk çare olarak cezaya başvurmaktır. (Yavuzer, 1995: 94)

Öncelikle anne ve baba çocukta neler istediğini açık bir dil ile belirtmelidir. Daha sonra da anne baba olarak örnek davranışlar sergilemelidir. Kendi yapmadığı bir davranışı, çocuktan istemek asla inandırıcı olmaz.

Çocuklara bazı davranışlar kazandırmak için o işi çocukla birlikte yapmak yararlı olur. Diş fırçalama, yatağı düzeltme, ders çalışma, alış veriş yapma gibi eylemleri çocuk, büyükleriyle birlikte daha düzenli yapar ve nasıl yapılacağını da öğrenmiş olur.

Çocuğunuzun kabul edilmez bir davranışıyla karşılaştığımızda, ona sert tepki göstermeden, onun yerine kabul edilebilir bir davranış koyun.

Örnek olarak; kırılma tehlikesi olan cam sürahiyle oynayan çocuğa kızmak ya da yasaklamak yerine, aynı büyüklükteki plâstik sürahi ile oynamasına izin vermek. Annenin yeni naylon çorabını denemek isteyen çocuğa, eski çorabıyla oynama fırsatı vermek gibi.

Tüm bu gayretleriniz olumlu sonuç vermiyorsa, çocuğun bu davranışlarının arkasında bir neden olabileceği düşünülmeli ve çocukla konuşarak çözüme kavuşturmaya çalışılmalıdır.

Eğitimde alternatif metot ortaya koymak çok mühimdir. Yapmasını istemediğimiz davranışlar için sadece: "Yapma!" demekle yetinmek çoğu zaman sonuçsuz kalır. Yapmasını istemediğimiz şeyi de söylemek gerekir. Hareketleri iyi tarafa kanalize etmek çok önemlidir.

Yine de bu çaba ve gayretlerimiz sonuçsuz kalıyorsa, çocuk bu menfî hareketinin zararını görmeli, hareketin başkasına verdiği zararı ve acıyı hissetmelidir. İstenmeyen bu sonuç çocuk eğitiminde deneme ve sınama ile çocuğun olayları yaşayarak öğrenmesini sağlar.

D- Dayak Nedir? Eğitimde Dayağın Yeri Var mıdır?

Dayak, eğitimdeki önemini gittikçe kaybeden ve çok az başvurulan bir metottur. Çocuktan beklenilen davranışı yapmaması için ve hemen etkili olmasından dolayı ailelerde uygulanan bir yöntemdir.

Dayak genelde öfke anında uygulandığı için çoğu zaman amacını aşar. Hiçbir öğretici özelliği yoktur. Çocuğu sindirme metodudur. Sonunda anne ve babayı pişmanlık ve sorumluluk duygusuna düşürür. Sıkça uygulanan bir metot hâline gelmişse o ailede ilişkilerin ciddî olarak bozulduğunu gösterir.

Çocuğun hatasını anlamak, davranışını düzeltmek imkânı elinden alınmıştır. Dayak yiyen çocuk kendisini eleştiremez. Daima karşı tarafı suçlar. Olumsuz davranışını düşünemez olmuştur. Hep yediği dayağı düşünür. Anne babaya karşı nefret hissi gelişir. Kendisini güçsüz hisseder. Kardeşleri ile ilişkilerinde de aynı metoda başvurur. Sorunları bu şekilde çözmeye yönelir. (Yakut, 1997: 18)

Dayak konusunda Prof. Dr. Emre Kongar'ın yaptığı bir araştırma dikkat çekicidir. Kongar'ın, Kasım 1990 yılında, 23 ilde

2007 kişi üzerinde yaptığı "Dayak Araştırması"nın sonuçları yukarıdaki soruya cevap niteliğindedir. Araştırma kapsamındaki insanların üçte biri: **"Öğretmenler öğrencileri dövebilir."** düşüncesindedir. Yine halkın yarısından çoğu ana babaların çocuklarını dövebileceğini ifade etmiştir. % 63,7'lik bir kesim de çevresinde dayak olaylarına şahit olduklarını belirtmişlerdir.

Halkın dörtte birden fazlası, kadınların ise beşte biri, erkeklerin karılarını dövmesini doğal karşılıyor. (Kongar, 1990: 106)

Psikolog Dr. Seyhan Güngör'ün Mersin'de yaptığı benzer bir araştırmada da çocukların % 76'sının dayak yediği ortaya çıkmıştır. (Kaya, 1998: 117)

Dayağın "terbiyede" sıkça kullanılır olması, tepkisel olarak dayağın hiçbir şartta kullanılamayacağı tezini doğurmuştur. Kimileri: "Dayak Cennetten çıkmıştır." sözüne göndermede bulunarak dayağı meşrulaştırmaya çalışmaktadırlar. Oysa, bu çevrelerin bilmesi gereken önemli bir kural vardır. O da şudur ki; dinî emirlerin yerine getirilmesi sırasında son çare olarak ve çocuğu fazla incitmeden **"kaba etlere"** vurulabileceği öngörülmüştür. Ayrıca Peygamberimizin çocuk terbiyesi pratiğinde dayağın **"fiskesinin"** dahi olmadığı söylenmektedir. Aslında iyi ve güzel olan, her şeyi almaya hazır olan çocuğa, ebeveynler yaşantılarıyla iyi bir model olabilseler, hiç de dayağa gerek kalmaz. Kaldı ki, çoğu kere çocuk dayağı **"hak ettiği"** için değil, anne baba öfkeli olduğu için yer.

Dayak, toplumumuzda **"terbiye"** amacıyla kullanılan fiziksel bir ceza yöntemidir. Bizim gibi **"ata erkil"** toplumlarda, baba ya da onun yerine geçen **"otorite"** dayağa sıkça başvurur.

"Dayak bir anlık öfkeyle atılan, çoğu kez de amacını aşan bir ceza yöntemidir." Ebeveynler, öğretmenler veya **"komutanlar"** kısa yoldan sonuç almak için bu yola başvururlar.

Dayağın kolayca ölçüsü kaçar ve "kusurlu" çocuğu "mazlum"

yapar. Dayağı atanı suçlu durumuna düşürür. Öğretici değeri az, etkisi kısa süren bir yıldırma yöntemidir. (Yörükoğlu, 1997: 152)

Dayağın dışında bağırma, korkutma, tehdit etme, acındırma, beddua etme ya da çocuktan küserek, onun davranışlarını kontrol etmek için yapılan bu tür metotlar zamanla etkisini kaybettiği gibi çocuğu aileden de uzaklaştırır. Çocukla hiç konuşmamak doğru değil, bu tutumu günlerce sürdürmek de anlaşılması güç bir davranıştır ve sağlıklı değildir. Annenin burada sorulara kısa cevap vermesi ve soğuk davranması yeterlidir.

Sonuç olarak diyebiliriz ki; çocuğa ceza vermeden önce onu dinlemeli. Bu şekilde kendisine savunma imkânı tanımak, ona yapılacak haksızlığı da önlemiş olur. Bu tarz davranma ile çocuğun cezayı daha kolay kabullenmesi sağlanır. Önleyici tedbir olarak, ne istediği çocuğa açık açık belirtilmelidir.

Çocuk eğitiminde amaç, çocuğun kendi kendine yetmesi ve kendi kendine karar vermesini sağlamaktır.

Çocuk eğitiminde güven esas olursa, diyaloglar iyi işlerse, korku, ceza ve dayağa gerek kalmayacaktır.

Çocuklar Zararlı Alışkanlıklardan Nasıl Korunmalı?

Bir ağaç çiçek açarken korunursa,
güzel ve tatlı meyveler verir.

Bekir Sami ÖZBALCI

A- Zararlı Alışkanlıklar

Çocuk, her gördüğünü ve her duyduğunu taklit etmek isteyen bir yaratıktır. Ama çocuklar evde, okulda ve dışarıda her zaman faydalı ve olumlu davranışlar izleyemezler. Onların zihinlerine yanlış ve zararlı görüntüler de yerleşir ve iz bırakır.

Çocuğun eğitiminde en önemli rolü ailesi oynadığı için bu konunun dikkatle izlenmesi de ailesinin görevidir. Ancak her aile, çocuğunu zararlı alışkanlıklardan koruyacak bilgi ve deneyime sahip olmayabilir. Bunun için de çocuk, olumsuz davranışlardan fazlaca etkilenmiş olur.

B- Çocuğu Zararlı Alışkanlıklardan Kurtarmak İçin Neler Yapılmalı?

1) Çocuklarını zararlı alışkanlıklardan korumak ve onlara olumlu ve düzenli bir hayat yaşatmak isteyen ailelerin yapacakları en önemli şey, iç yaşantılarıyla çocuklarına örnek olmak ve onlara doğruları göstermektir. Ailesinde zararlı alışkanlıklara

karşı olumlu ve önemli davranış örnekleri gören çocuk kolay kolay zararlı alışkanlıklara yönelmez.

2) Zararlı alışkanlıklara karşı çocuklar sürekli olarak izlenmeli, hissettirilmeden gözetim ve denetim altında bulundurulmalıdır.

3) Zaman zaman aileler, çocuklarıyla birlikte bir araya gelip, sigara, alkol, uyuşturucu vesaire gibi zararlı alışkanlıklarla ilgili konuşmalı, zararlı alışkanlıkların fiziksel ve ruhsal açıdan kişiyi ne gibi olumsuz bir duruma sürüklediğini örnekleriyle anlatmalıdır.

4) Çocuklara yeteri kadar para verilmelidir. Eğer ihtiyaçtan fazla para verilirse, lüzumsuz ve zararlı yerlere harcayabilirler. İhtiyaçtan az verilirse de para bulmak için bazı olumsuz alışkanlıklar edinebilirler. Buna dikkat edilmelidir.

5) Çocuklara zararlı alışkanlıkların nedenleri ve sonuçlarıyla ilgili olarak çeşitli kaynaklar temin edilmeli ve onların okumalarına imkân tanınmalıdır.

6) Sigara içen aileler, içtikleri sigaranın ne kadar olumsuz bir şey olduğunu çocuklarına anlatmalıdır. Ayrıca kesinlikle evde sigara içilmemelidir.

7) Çocuğun arkadaşlarına ve içinde bulunduğu çevreye dikkat edilmelidir. Çocuğu kötü alışkanlıklara iten arkadaşları varsa, bu izlenilmeli, gerekli tedbir de alınmalıdır. Eğer bunun üstesinden gelmek zorsa, öğretmeniyle ilişki kurulmalı, konu okul idaresine kadar götürülmelidir.

8) Aile yuvası, çocuk için çekici ve sıcak bir ortam hâline getirilmelidir. Çocuk her türlü neşeyi, huzuru ve mutluluğu ailesinde bulursa, problemlerini ailesiyle paylaşırsa, dışarıyla paylaşacağı bir şeyi kalmaz. Bu şekilde zararlı alışkanlıklardan korunmuş olur.

9) Çocuğu asî, isyankâr ve söz dinlemez yapan sebeplerin ba-

şında, şiddetli huzursuzluk, kavga ve aile baskısı gelir. Çocuğun küçük hatalarını büyütüp, büyük bir adam gibi hesaba çekmek ve sürekli üstüne gitmek çocuğun davranışlarını bozar, ailesine karşı soğutur. Çocuk, bu durumda, çareyi sokaklarda arar. Bu ise, zararlı alışkanlıkları beraberinde getirir.

10) Kardeşler arasında adaletsiz davranış, çocuğa aşırı sorumluluk yükleme, onu sürekli eleştirme, **"Sen aptalsın, adam olamazsın, on para etmezsin!"** gibi sözlerle aşağılama, çocuğu güven bunalımına iter, ailesine karşı olumsuz davranışlar kazanmaya başlar. Bu da, zararlı davranışlar ve zararlı alışkanlıklara kapı açar.

11) Çocuklarınızın davranışlarını, huylarını, düşüncelerini ve beklentilerini iyi çözün ve iyi tanıyın. Onun kişilik yapısını ne kadar iyi tanırsanız, ona o kadar yardımcı olabilirsiniz. Yoksa, zıtlaşma ve kavga eksik olmaz.

12) Çocuklarınızı bazen kendi işlerinizde ve bazen de güvendiğiniz bir başkasının yanında çalıştırma yöntemine giderseniz "mücadele"sini verebilmede kendisine yardımcı olmuş olursunuz. Bu şekilde hayatı alın teriyle kazanmayı öğrenir.

13) Çocuklarınızın sürekli büyüme safhaları ve değişme dönemleri bulunduğunu düşünerek, onların çocuklarınız olmalarıyla birlikle sizden ayrı bir kişilik geliştirmekte olduklarını idrak ederek onları tanımaya ve anlamaya çalışın. Her yaptığı hatayı: **"Zararlı alışkanlık kazanıyor."** diye değerlendirip telâşlanmayın.

14) Evinizde bazı kurallar koyun ve siz dahil bütün aile fertlerinin bu kurallara uymasını isteyin. Bu şekilde çocuk hayatını düzene sokmayı öğrenir ve bazı kurallara uymanın da, hayatın bir gereği olduğunu anlar. Çünkü kuralsız bir hayat, insana sınırsız zararlar sunar.

15) Çocuğunuzun gözünü dışarıda koymak kadar onu sınır-

landırmayın. Gezmesine, oyun oynamasına, para harcamasına müsaade edin. Ancak, bunları bir disiplin dahilinde yapmasını temin edin.

16) Çocuklarınıza moral değerler aşılayın. Sevgi, saygı, hak, hukuk, tarih ve inanç gibi değerler çocuğun kişilik yapısına son derece olumlu katkılar yapar. Çocuğun kendi kendini denetlemesine, bir kişilik kazanmasına ve belli bir ideal oluşturmasına zemin hazırlar. Millî dinî duyguları ve bilinci almış olan bir çocuk, örnek davranışlar sergiler ve zararlı alışkanlıklardan kaçmaya çalışır.

17) Onları yeteneklerinin üstünde işlere zorlamayın. Ancak başarabilecekleri işleri yapmalarını bekleyin ve başarabilmeleri hususunda da destekçi olun. Çabalarını övün. Onlara güvendiğinizi hissettirin. Onları başkalarıyla karıştırarak umutsuzluk girdabına sürüklemeyin.

18) Çocuklarınıza bütün kuralları bir çırpıda öğretmeye kalkışmayın ve onlardan yaşlarının üstünde olgunluk göstermelerini bekleyin. Onlara süre tanıyıcı olun. Onları köşelere sıkıştırmayın, yalana zorlamayın.

Aile fertleri, çocuklarına sevgi, şefkat, ilgi ve hoşgörüyle yaklaştıkları, onların problemleriyle alâkadar oldukları, başarılarını övdükleri, çalışmalarını destekleyebilecekleri sürece, çocuklarının "zararlı alışkanlıklar" riskine düşmeleri çok az olacaktır.

Çocuklara Hangi Temel Bilgiler Öğretilmeli?

Çocuğun hayatı, kalıcı temel bilgiler üzerine kurulmalıdır. Yoksa, elemden, acıdan ve istikrarsızlıktan kurtulamaz.

Prof. Dr. İbrahim Ethem BAŞARAN

A- Temel Bilgilerin Önemi

Anne babalar, çocuklarını hayata hazırlarken, onların yaşantılarına temel olacak, bazı kalıcı kurallar ve önemli davranışlar kazandırmalıdırlar. Çocuğun hayatını şekillendiren ve ona istikrarlı bir yön çizen belli başlı prensipler olmazsa, hayatı zikzaklarla, iniş ve çıkışlarla dolar. Kime, ne zaman ve nasıl güveneceğini bilemez, bir işi nasıl ve ne şekilde yapacağını beceremez.

Çocuğun, kendi hayatını kendisinin kazanması, kendi istikametini yine kendisinin tayin etmesi için, hayatında kalıcı, önemli, temel kuralların ve ölçülerin oluşması lâzımdır.

B- Çocuğa Temel Bilgiler Nasıl Kazandırılır?

1) Çocuklara, hayatta başarılı olmak için, düzenli ve sürekli çalışmanın önemi anlatılmalıdır.

2) Zamanı iyi kullanmanın, plânlı ve amaçlı çalışmanın başarı getireceği ifade edilmelidir.

3) Çocuklara sürekli olarak insan sevgisi, toplum bilinci, büyüklere saygı ve küçüklere sevgi verilmelidir.

4) Alanında uzman olmanın, yaptığı işi en iyi bir şekilde yapmanın kendisine itibar kazandıracağı söylenmelidir.

5) Teknolojiyi kullanma, alanıyla ilgili yayınları izleme ve dil öğrenme gibi beceriler kavratılmalıdır.

6) Verdiği sözde durma, çevresinde **"doğru bir kişi olarak tanınma"** ve yalan söylememe gibi alışkanlıkları kazanmasına dikkat edilmelidir.

7) Hayatını, kendi emeği ve çalışmasıyla kazanma anlayışı verilmelidir.

8) Parayı iyi kullanması, tasarrufu bilmesi, gereği kadar ve gereği yerde harcaması için takip edilmeli ve yardımcı olunmalıdır.

9) Arkadaş grubunu ve çevresini oluştururken kendisine faydalı olan insanlar seçebilmesi için nelere dikkat etmesi gerektiği anlatılmalıdır.

10) Yardıma muhtaçlara, düşkünlere, kimsesizlere ve hastalara yardımcı olması için, özendirici teşviklerde ve ikazlarda bulunulmalıdır.

11) Çocuklara, aceleci ve panikçi değil, sabretmesi gerektiği öğütlenmeli, sabırla zorluklara ve çilelere karşı bağışıklık kazandırmaya, sabırla daha az stresli, daha az kavgalı, daha az sinirli olunabileceği, sabretmekle ancak rahata erişebileceği düşünce ve hislerini aşılamaya çalışılmalıdır.

12) Bağımsız hareket edebilme, kendi iradesiyle kararlar verebilme, kendi yükünü taşıyabilme yeteneği kazandırılmalıdır.

13) Anne ve baba, çocuklarına, aşırı üzüntüyü terk edebilme-

yi, başladıkları işleri yarım bırakmamayı, danışmadan iş yapmamayı, ümitlerini kaybetmemeyi, daima kendilerine güven içinde olmalarını, iradelerine hâkim olabilmelerini, kimseleri küçük görmemeleri gerektiğini, ne müsrif ne de cimri davranmaları icap ettiğini, her şeyin mutlaka bir iyi tarafı olabileceğini düşünmelerini öğretmelidir.

14) Aile, toplum, vatan, akraba ve arkadaş için fedakarlık duygularının önemi anlatılmalıdır.

15) Hayatta her zaman, örnek, önder ve kılavuz olmanın gereği ve önemi kavratılmalıdır.

16) Zararlı alışkanlıkların, insana, topluma ve aileye verdiği zararlar örneklerle ortaya konmalıdır.

17) İfadelerin ve davranışların neden uyum içinde olması gerektiği ortaya konmalıdır.

18) Allah ve ahiret inancının, Kur'an hükümlerinin ve Peygamber öğütlerinin kişiye getirdiği huzur ve başarı öyküsü iyi anlatılmalıdır.

19) Toplumsal, millî ve tarihî değerleri özümsemenin bir vatandaşlık görevi olduğu sık sık hatırlatılmalıdır.

20) Toplumları yücelten değerleri ve çökerten nedenleri bilmesi, siyasî ve ekonomik politikalardan anlaması, ülkede ve dünyada olup bitenlere bir mana vererek yorumlaması için, gereken eğitim verilmelidir.

21) İnsanların arasını bulmanın önemi, açmanın da zararları örneklerle anlatılmalıdır.

22) Aile fertlerine, büyüklerine ve akrabalarına gerekli saygıyı, sevgiyi ve önemi göstermesi için, uyarılmalı ve davranışlarla örnek olunmalıdır.

23) İnsan ilişkilerinde nezaket kuralları kazandırılmalı, komşuluk adabı, misafir geleneği, düğün, cenaze ve diğer merasimlerin önemi kavratılmalıdır.

24) Başkaları aleyhinde konuşmanın, iftira atmanın, zarar vermenin ve kendine ait olmayan bir şeye sahip çıkmanın ne kadar çirkin ve yanlış bir davranış olduğu kavratılmalıdır.

25) Temiz giyinme, temiz yeme ve diğer temizlik alışkanlığının oluşması için özel bir önem gösterilmelidir.

26) Ana babalar, çocuklarına, yemek yeme, su içme, konuşma, oturma, kalkma, yürüme...vb gibi birtakım ihtiyaçlarının her birinin edebini, görgü kurallarını ayrı ayrı öğretmelidir.

27) Kendilerine verilen emaneti korumanın, ona zarar vermemenin ve onu inkâr etmemenin önemi anlatılmalıdır.

28) Başkalarının hakkına, hukukuna itina göstermenin, kurallara uymanın, toplumla ve devletle uyumlu olmanın insana getireceği farklılığın güzelliği kavratılmalıdır.

Özet olarak; anne ve babalar, çocuklarını yetiştirirken ve eğitirken, onlara insan olmanın, insan içinde yaşamanın, maddî manevî sorumluluğun önemini anlatıp, hayatlarına temel yapmaları için gerekli özeni göstermelidirler.

Hayatın temel kurallarını anlayamamış ve içine sindirememiş bir çocuk, yaşamı boyunca kalıcı bir kimlik oluşturamaz ve istikrarlı bir yön bulamaz.

Çocuğunuzu Okula Hazırlarken Neleri Dikkate Almalısınız?

Çocuğuna dikkat eden, onun üzerinde titreyen ve onu olumlu yönde yönlendirmeye çalışan anne baba, çocuğuna bir dünya bağışlıyor demektir.

Ord. Prof. Dr. A. Fuat BAŞGİL

A- Her Sabah Okul Hazırlığı

Her aile, çocuğunu sabahleyin okula hazırlarken bazı sıkıntılarla karşı karşıya gelir. Bunların önceden bir hazırlığı ve plânlaması olmazsa, her sabah bir koşuşturma ve panik yaşanır. Çoğu zaman da çocuk evden, bazı eksiklikler yüzünden kırgın ve kavgalı çıkar. Bu durum ise, çocuğun o günkü çalışmalarını önemli ölçüde etkiler ve başarısına zarar verir.

Evden problemsiz, eksiksiz ve güler yüzle ayrılan çocuk, psikolojik olarak bir rahatlık içinde bulunacağı için, o günkü izleyeceği derslere de kendini hazırlamış olur. Bu ise, başarısını artırır, kendisine güven duymasına neden olur.

B- Okula Gönderirken Şunlara Dikkat Edin

1) Öncelikle çocuklarınıza, zaman plânlama vakitleri kavratma, neleri ne zaman yapacaklarını öğretme konusunda devamlı bir gözetiminiz ve denetiminiz olmalıdır. Zamanını iyi kullana-

mayan, plânlayamayan ve dengesiz kullanan çocuk, hayatı da bir dengesizlik ve karamsarlık manzumesi olarak algılar. Bu ise çocuğun başarısına olumsuz etki yapar.

2) Uykusunu plânlı ve dengeli kullanmasına dikkat edin. Geç yatan çocuk uykusunu alamaz ve sabahleyin uyanma güçlüğü çeker. Bu durumdaki çocuk kendisini bulamaz, yiyemez, ne yaptığının farkında olamaz. Dersleri dinlerken de yorgun, bitkin ve huzursuz bir şekilde izler. Bu ise başarısını olumsuz yönde etkiler.

3) Çocukların bir uyku vakitleri olmalı. Bunu hem çocuk hem de anne baba takip etmeli. Bu konuda taviz verilmemelidir. Uyku alışkanlığı oturursa, hem vücut metabolizması dengeli olur, hem de zihin açık ve duru kalır.

4) Çocuğun akşam çalışmaları izlenmeli, desteklenmeli, istekleri ve problemleri takip etmelidir. Akşam çalışmasını tamamlayamayan çocukta, huzursuzluk olur. Uykusunu da rahat alamaz. Okula da isteyerek gidemez.

5) Akşam yatmadan önce, sabah hazırlığını yapması, gerekli kitap ve defterlerini ve diğer gereçlerini çantasına koyup hazırlaması için, uzaktan denetçilik yapın. Bu alışkanlığı kazanmazsa, her sabah bir panik yaşar.

6) Çocuğun gerek biyolojik gerekse de psikolojik bir problemi olup olmadığına dikkat edilmeli. Size söyleyemediği bazı problemleri yüzünden kendi içine kapanır, daha büyük olumsuz bir gelişmeye yol açar.

7) Sabahleyin çocuğunuzu kendiniz gidip kaldırmayın, kendilerinin kalkmalarını öğütleyiniz. Saati kurun veya radyoyu ayarlayın. Çocuk kendi işini kendi plânlasın, uyanmak için onun hazırlığını kendisi yapsın.

8) Sabah kahvaltısını gereği gibi yapması, okula aç gitmemesi için gözlemcilik yapın. Ancak yemek konusunda zorlayıp, üzerine gitmeyin. Çocuğun ne kadar yemekle ilgili üzerine gidip ısrar ederseniz, o kadar ters tepki alırsınız.

9) Sabah evden çıktığında çıktığı vakte dikkat edin. Geç gidip nefes nefese kalmaması veya erken gidip boşuna zaman harcamaması konusunda titizlikle takip edin.

10) Beslenme çantasına gerekli olan her şeyi koyun. Yoksa çocuk, okul kantini veya seyyar satıcılarda karnını doyurur. Bu da çok zaman sağlıksız beslenmeye yol açar.

11) Çocuğa, yolda yürürken kaldırımları kullanması gereğini, trafik kurallarını öğütleyin. Yolda yürürken bir şey yiyip içmemelerini de söyleyin. Çünkü yürüyerek bir şeyin yenmesi, hem dikkati dağıtır, hem sağlıksız bir beslenmedir, hem de çevreye iyi bir örnek olmaz.

12) Çocuğun okula geliş gidişlerinde birlikte olduğu arkadaşlarına da dikkat edin. Olumsuz, sorumsuz davranışları varsa çocuğunuzu derhal uyarın.

13) Çocuğunuzun okul çıkış saatini bilin. Okulla ev arasında geçecek zamanı da hesaplayın. Eğer çocuğunuz, eve gelmede geç kalıyorsa bunun hesabını kırmadan ve üzmeden sorun. Eğer yeterli bir açıklama yapamıyorsa, mutlaka nedenini araştırın. Zararlı bir çevre veya zararlı bir arkadaş grubunun etkisine kakılıp kakılmadığından emin olun. Yoksa, öğrendiğiniz vakit çok geçmiş olur.

14) Çocuğunuz eve geldiğinde, onu güler yüzle karşılayın. Anlattıklarını dinleyin, başarılarından dolayı, o akşam ödüllendirmeye çalışın. Bu, çocuğun başarısını hızlandırır.

Çocuğu okula gönderirken, ona yalnızca kuralları öğretin ve denetleyici olun. Onun işini, onun yerine yapmaya kalkmayın. Eğer çocuğun yapması gereken bir işi kendiniz yaparsanız, hem çocuğunuzu tembelliğe atmış olursunuz, hem de becerilerinin gelişmesini engellersiniz. Sizin nezaretinizde, her şeyini çocuğunuz kendi yapmalıdır.

Çocukta "Arkadaşlık" Kavramının Önemi

A- Çocuk Eğitiminde Arkadaşın Önemi

Çocuk eğitiminde, arkadaşın ve arkadaş grubunun önemi oldukça fazladır.

Çocukta arkadaşlık ihtiyacı, bebeklik dönemine kadar uzanır. Ağlayan bebek, yanına bir başkasının yaklaştığını görünce, susar. Çocuklar arkadaşlığa, sadece doyum sağlamak için değil, aynı zamanda deneyim kazanma amacıyla ihtiyaç duyarlar. Çocuklar, diğerleriyle birlikte ola ola, grup isteklerini ve kabul edilen davranışı öğrenirler. Bu konuda yapılan çalışmalar, arkadaşlığın zamanla tutarlılık kazandığı yolunda birleşmektedir.

Yaşamın ilk yılında başlayan bu ilişki bebeğin arkadaşlarına tepki vermesi şeklinde görülür. Altıncı ayında bebek, karşısındaki bebeği elleyerek, bakarak ya da ağlayarak iletişim kurmaya çalışır. Bütün bunları yaparken onun da kendisine tepkide bulunmasını bekler. Altıncı ayla 12. ay arasındaki çocukların arkadaşlarına olan tepkilerinin giderek daha amaca yönelik olmaya başladığı görülür. Bir yaşından sonra bebeklerin hemen hemen % 46'sının taşkın, saldırgan ve çatışmalı davranışlar sergilediği görülür. İki yaşında çocuk, arkadaşlarıyla dövüşürcesine taşkın tepki vermeye başlar. Bu dönem çocuğu, erişkinleri yerine arkadaşlarıyla oynamayı yeğler.

Dört yaşından önce çocuklar, normal olarak beraber oldukları kişilerin, oyun arkadaşları olmasını isterler. Onlarla oyun faaliyetlerini paylaşmak arzusundadırlar. Bu dönemde çocuklar kendileriyle oynayacak bir ya da iki arkadaşlarını seçerler. Ön-Önceleri seçtikleri oyun arkadaşları her iki cinsten olabilir. Ancak, okula gitmeye hazırlandıkları yedi yaşından itibaren çocuklar, oyun arkadaşlarını kendi cinslerinden seçmeye özen gösterirler. Çünkü, sosyal baskı sebebiyle kendi cinslerine uygun oyun oynamayı öğrenirler.

Bu dönemde çocuklar, hem grup başarılarına, hem de kişisel başarılara ilgi duyarlar. Birlikte çalışmaktan ve birbirlerine yardım etmekten zevk alırlar. Çocuk, okula başladığında, sosyalleşmesi yolunda, öğretmen ve ailesine oranla, daha büyük bir ilgiyi, arkadaş grubunda görür.

Çocuğun yaşamındaki bu evrenin özelliği, büyüklerin ya da anne ve babanın standartlarını reddetmek, buna karşılık arkadaş grubunun standartlarını kabul etmektir.

Altı yaşından itibaren grup oyununda giderek bir artış görülür. Bu değişmeye koşut olarak, toplumsallaşmada da belirgin bir artış meydana gelir. Çocuk, daha az bencil ve saldırgan, buna karşılık daha fazla grup bilincine sahip ve yardımsever olur.

Okul döneminde çocuklar, arkadaşlarını, çoğunlukla yakın çevredeki komşularından seçerler. Ancak, seçimi yaparken, kendi yaşlarına, cinslerine, zihne ve sosyal düzeylerine uygun olmalarına özen gösterirler. Yıllar geçtikçe, arkadaş seçiminde; yardımseverlik, dürüstlük, sağduyu sahibi olmak, arkadaş canlısı olmak gibi kişilik özellikleri ön sırayı almaya başlar.

Çocuk arkadaş grubu, onun sosyal tavırlarını etkiler. Bu sosyal tavırlar, çocuğun genellikle diğer bireylere ve sosyal yaşama karşı tüm tavırlarını içerir. Bir dereceye kadar ailede kazanılan bu tavırlar, çocuğun arkadaş grubuyla olan deneyimleri sonucu değişebilir. Arkadaşlarıyla oynayan çocuğun sekiz yaşına doğru grup oyununda giderek bir artma, toplumsallaşmasında da belirgin bir değişiklik görülür. Çocuk, daha az bencil ve saldırgan, buna karşılık daha fazla grup bilincine sahip ve yardımsever olur. (Yavuzer, 1999: 177)

B- Arkadaş Seçiminde Anne Babanın Rolü

Anne babalar çocuklarının hangi arkadaşı seçtiğini, bu seçimle birlikte ne gibi davranış değişikliği olduğunu izlemek durumundadırlar.

Çocuğun arkadaşı veya arkadaş grubu, bulunduğu çevre sürekli denetim altında tutulmalıdır. Anne baba çocuğun yakın arkadaş çevresinde bir olumsuzluğa rastladığında, direkt çocuğu uyararak, onun üstüne gitmek yerine, dolaylı yoldan o olumsuzluğun nedenlerini anlatma yoluna gitmelidirler. Çocuğu bir anda o çevreden men etmek, çocuk üzerinde olumsuz etki yapar.

Çocuk için yanlışın neler ve nerede olduğu, doğru olanın ise neler bulunduğu, onun anlayacağı bir dille anlatılmalıdır.

Çocukların Dış Görünüşlerine Önem Verin ve Bu Yönde Beceriler Kazandırın

Büyüklerinden tertip ve düzeni öğrenen çocuk, kendi hayatında da plânlamayı ve düzenlemeyi öğrenir.

Cemil TOKPINAR

A- Dış Görünüşün Önemi

Anne ve babalar olarak, çocuğun "**dış görünüşü**" deyip, geçmemek lâzımdır. Bu konu üzerinde önemle durulmalıdır. Çocuk, küçük yaştan itibaren, dış görünüşüne, temizliğine, tertip ve düzenine önem verildiğini bilmelidir. Bu şekilde çocuk, nasıl giyineceğini, neyi giyeceğini, ne zaman giyeceğini öğrenir ve seçici olur. Giymenin ve giysiyi kullanmanın bir düzeni ve disiplini olduğunu kavrayan çocuk, hem dış görünüş olarak kendisini kontrol eder, hem de zihninde "**hayatını düzene koyma**" anlayışı oluşur. Bu anlayışı çocuğa vermek çok önemlidir. Bu verilirse, çocukta hayat disiplini meydana gelir.

B- Bunun için neler yapılmalı?

1) Çocuk, kendi giysilerini kendisi giyebilecek duruma geldiğinde, anne baba gözetiminde giyinme işi çocuğa bırakılmalı, yanlış yaptığında düzeltilmeli ve doğrusu gösterilmelidir.

2) Giysilerini çıkarması gerektiğinde, yine anne ve baba gözetiminde bu işi kendisine yaptırmalı, çıkardığı elbisesini de katlamasını, asmasını veya koyması gereken yere koymasını söylemelidir. Bu şekilde çocuk, elbiseyi bir düzen ve bir disiplin içinde giyip çıkarmasını öğrenmelidir.

3) Giysileri temiz kullanması, kirletmemesi ve yırtmaması konusunda önce bilgilendirmeli, yapamazsa bundan böyle okula yırtık ve çamurlu elbiseyle gidebileceği ikazı yapılmalı ve bu yöndeki örneklerle uyarılmalıdır.

4) Elbiselerini kirleten, yırtan ve zarar veren arkadaşı veya arkadaşları varsa, önce çocuğa bu tür çocuklarla değil, zararsız çocuklarla arkadaşlık yapması öğütlenmeli. Eğer sonuç alınamazsa, öğretmeni veya o tür çocukların velileriyle temas kurulmalıdır. Çünkü, genellikle bu konular çocuğun dışında gelişir ve çözmeye de çocuğun gücü yetmez.

5) Çocuğun günlük olarak el, yüz ve ayak temizliklerine, haftalık olarak veya gerektiğinde daha erken de vücut temizliğine dikkat edilmelidir. Özellikle de el, yüz ve ayak temizliği, okuldan gelince, anne baba nezaretinde çocuğa yaptırılmalıdır. Bu şekilde çocuk, hem temizlik alışkanlığı kazanır, hem de kendi temizliğini kendisi yapma gibi çok önemli bir beceri elde eder.

6) Sabah veya akşam elini ve yüzünü yıkamadan bir şeye dokunmaması ve yemek yememesi için çocuk uyarılmalı, böyle yaptığı takdirde "niçin" yıkaması gerektiği gerekçeleriyle anlatılmalıdır.

7) Ders çalıştığı masasının derli toplu olması için ve özellikle de çalışma bittikten sonra toparlayıp düzgünce bırakması yolunda uyarılırsa, "tertip düzen" kavramını elde etmesine yardımcı olunur. Anne baba asla çocuğun masasını düzenlememeli, kitap ve defterlerini toplamamalı, bu iş çocuğa yaptırılmalıdır.

8) Çantayı kullanma şekline de dikkat edilmelidir. Çantayı gereği gibi mi kullanıyor, yoksa yerlerden sürüyerek, kirleterek mi taşıyor? Bu konu özellikle izlenmelidir. Çünkü, çantasını taşıma, temiz tutma ve koruma anlayışı kazanamazsa, diğer özel eşyalarını da kötü kullanmaya devam eder.

9) Kitap ve defterlerini, silgi, kalem, kalemtıraş ve boya kalemleri gibi gereçlerini nasıl kullanması gerektiği üzerinde de durulmalıdır.

10) Defterlerine ve kitaplarına bakılmalı, yüzlü ve etiketli olup olmadığı, karalanıp karalanmadığı, yırtık ve buruşuk olup olmadığı konusuna dikkat edilmeli, eğer varsa uyarılmalıdır.

11) Kalem, silgi, kalemtıraş ve boya kalemlerinin çantaya rastgele atılmaması, kalem kutusuna konulması gereği üzerinde de durulmalıdır.

12) Çocuğun yatağını hazırlaması, yatağını toplaması, havlusu kirlendiğinde değiştirmesi için anne baba gözlemci, uyarıcı ve takipçi olmalı ve asla bunları kendisi yapmayıp, çocuğa yaptırmalıdır. Çocuk bu şekilde kendi işini kendisi görme alışkanlığını kazanmaktadır.

13) Okuldan döndüğünde, el yüz ve ayak temizliği yaptıktan sonra dinlenmesi, yemek yemesi sağlanmalı, daha sonra da ders çalışması istenmelidir. Ancak, çocuğa ders çalışması konusunda fazla yüklenmemelidir.

14) Çocuk okuldan geldiğinde neler yaptığı, derslerin nasıl gittiği sorulmalı, ciddiye alınmalı ve anlattıkları dinlenmelidir. Bu şekilde çocuk değer verildiğini anlamalıdır.

15) Ödevleri olup olmadığı sorulmalı, yapması için ortam oluşturulmalı, kaynak temin edilmeli. Ama asla, onun yerine bir şey yapılmamalıdır.

16) Akşam çalışması biten çocuğa yatmadan önce, süt verilmeli, zamanında uyuması temin edilmelidir.

17) Yatarken, çocuğun evin büyüklerine: "İyi geceler, Allah rahatlık versin." demesi öğütlenmelidir. Ailenin büyükleri de çocuğun bu yaklaşımına çok sıcak bir şekilde karşılık verecek-lerdir. Bu şekilde çocuk, ailede sevilen bir birey olduğunu anlar ve mutlu olur.

Çocuk, evdeki kurallara, tertip ve düzene, sağlıklı olmaya ve kendi işini kendisi yapmaya alışırsa hayatında gerekli olan çok önemli bir eğitimi de almış demektir. Bu alışkanlık, çocuğun başarılı olmasında önemli bir etken olur.

Çalışan Anneler ve Okul Öncesi Eğitim Problemleri

Benim en bahtsız yönüm, çalışan bir annenin çocuğu olmaktı. Her sabah yabancı bir kadına dayanamayıp hırçınlaşırdım. Akşam anneme kavuşunca da şımarırdım. Kısaca, anne sevgisinden uzak, dağınık bir çocuk oldum. Şimdi, çocuğumu anne sevgisine doyurmak için çalışmıyorum.

Dr. Seda ALICI

A- Çalışan Annelerin ve Çocuklarının Güçlükleri

Sosyal hayatın zorlukları, ekonomiye olan ilgiyi artırmış ve aile fertlerini de çalışmaya zorlamıştır.

Annelerin çalışmak zorunda olması, hem kendi hayatı açısından, hem de çocuğun sağlıklı gelişimi açısından bazı problemleri beraberinde getirmiştir.

Sanayileşmiş ülkelerde olduğu gibi, memleketimizde de; "çalışan anne ve çocuk eğitimi" birbirine bağlı iki problem olarak karşımıza çıkmaktadır.

Çalışan annelerin sayısı arttıkça, okul öncesi eğitim de buna paralel olarak artış göstermektedir. Ancak, bu konuda görülen en açık problem, okul öncesi eğitim kurumlarının aile yuvasının eksikliğini gideren bir mekân olmaktan ziyade, para getiren bir kurum olarak görülmesidir. Bu durum, hem çalışan anneyi, hem de çocuğu daha da zora sokmaktadır.

B- Çalışan Anne ve Çocuklarının Problemleri Nasıl Giderilmeli?

1) Anne, çocuğunu bakıcıya, kreşe ve yurda vermek zorundaysa, vereceği yerleri dikkatle seçmeli, kontrol etmeli ve ücret düşüklüğüne aldanmamalıdır. Çünkü, çocuk anaokulunda oyun ortamı sayesinde akranları ile ilişki kurar ve onlarla oynamasını öğrenir. Hele büyük kentlerdeki düzensiz yapılaşma sonucu oyun alanlarının olmayışı yüzünden çocuk yuvaları oyun ihtiyaçlarının kısmen de olsa giderildiği yerlerdir. Çocuk burada arkadaşları ile paylaşmanın tadına varırken, toplu halde yemek yemeyi, uyumayı ve oynamayı öğrenmektedir.

2) Anaokulu sadece çocukları bir arada toplayan ve onların yalnızlığını gideren yer olmamalıdır. Esas fonksiyonu itibariyle anne babanın verdiği şefkat, sevgi ve ilgilerini tamamlayıcı özellikte olmalıdır. İlk aylarda anne ile çocuk arasında başlayan sevgi alış verişi duygusaldır. Çocuk güven duygusunu anne ile olan beraberliği döneminde alır. Kreş ya da anaokuluna verilen çocuklarda ilk aylardaki sevgi alış verişi yetersizliği kişilik oluşmasında önemli biçimde olumsuz etkiler yapmaktadır. Bu yönden, okul öncesi eğitim kurumları, anne ve babanın verdiği şefkat, ilgi ve sevgiyi aratmayacak düzeyde olmalıdır.

3) Yapılan araştırmalarda, annelerinden uzun süre ayrı kalan bu çocukların sevgi ve şefkat eksikliğinden kaynaklanan bir kişilik geliştirdikleri, saldırgan, içine kapanık ve yardımlaşma duygusundan uzak tipler hâline geldikleri gözlenmiştir. Bu ço-

cuklar daha sonra anne babaları ile de sağlıklı bir iletişim kuramazlar. Yine yapılan bir başka çalışmada ortaya çıkan önemli bir sonuç da şudur: Bu yuvalardaki çocuklar, sabahları işe giden annelerinin kendilerini reddettiğine inanmaktadırlar.

4) Çocuklar, ilk üç yaştaki duygu alış verişini bizzat anneleri ile olan beraberliklerinden almaktadır. Bu yaşta annenin evden ayrılmasının çocuklara zarar verdiği pedagoglar tarafından şiddetle savunulmaktadır. Üç altı yaş arasındaki çocukların kreşlerde yarım günlük bakımdan yararlandıkları, genellikle bu ölçü aştığından faydanın da azaldığı müşahade edilmektedir. Üstelik böyle yerlerde enfeksiyon hastalıkları da sık görülmektedir. Çocukların ellerini sık sık ağızlarına götürmeleri bulaşma riskini de artırmaktadır.

5) Anaokulu ve çocuk yuvalarında, belirli bir iş bölümü vardır. Her şey beraberce yapılır. Birlikte yemek yenir, aynı anda uyunur. Ancak, bu davranışlar, çocuğun kendisine özgü bir kişilik geliştirmesini engeller. Çocuğa yardımcı olmak için eve alınan bakıcı ve dadıların eğitim düzeyleri genelde düşük olmaktadır. Bu durum da çocuk için çok önemli sakıncalar meydana getirmektedir. Çocuğun örnek model olarak kabul ettiği bu kişilerin konuşma tarzları, davranışları ve hareketleri çocuklar tarafından benimseneceğinden çok sakıncalıdır.

6) Büyük annelerinin yanında kalan çocuklar ise, aşırı ölçüde sevgiye boğulduklarından şımarık ve kural tanımaz insanlar olarak yetişmektedir. Bu gibi çocukların daha sonraki yaşlarda terbiye edilmeleri de oldukça zor olmaktadır.

Çalışan anne gerçeğini inkâr edemeyeceğimize göre, çocukları ile küçük yaşta ilgilenmek isteyen anne ve babalara değişik alternatifler sunmak gerekir. Annenin evde yapabileceği işler gösterilmeli ve bu işlere teşvik edilmelidir. Ruhen sağlıklı çocukların yetişmesi ve neslin geleceği bakımından devletin desteğine ihtiyaç vardır. Devlet çalışan annelere bazı kolaylıklar tanımalıdır. Annenin, çocuk bir yaşına gelinceye kadar ücretli izinli sayılması çocuk geleceği açısından çok önemlidir. Çalışan annelerin: "Yeterince ilgilenemiyorum." düşüncesi ile çocuğunu sevgiye boğarak şımartması da doğru değildir. Önemli olan annenin çocukla geçirdiği süre içerisinde tatmin edici sevgi ve ilgiyi verebilmesidir.

Çocuk terbiyesi, çocukla ilgilenmek ve onu yetiştirmek bir sanattır. Çocukların olur olmaz davranışlar göstermeleri ve akıl almaz yaramazlıkları hiç düşünmeden yapmaları gösteriyor ki onları sert bir dille uyarmak yerine tatlı ve ikna edici bir üslûpla yaklaşmak, başarılarını güzel sözlerle mükâfatlandırmak, çocuğa arkadaş olmak, güzel ahlâk prensiplerini benimseyerek yaşamak ve çocuğu hayata hazırlayacak terbiyecileri bulmak zorunluluğu, anne ve babanın yükümlülüğünü daha da artırmaktadır. (Yakut, 1997: 97-99)

Aileler, çalışan annenin açığını kapatmak için, çocuklarını bakıcılara veya okul öncesi kurumlara vermek isterken, seçici olmalıdırlar. Çocuğa, annesiz geçen zamanda annesinin kısmî de olsa yerini aratmayacak alternatifler bulmalıdırlar. Yoksa çocuk, eğitilmek için verdiği yerde, çok sağlıksız ve olumsuz davranışlar kazanır.

Boşanmış Ailelerin Problemleri ve Bazı Öneriler

Çağımızın ekonomik, sosyolojik ve psikolojik problemleriyle en çok muhatap olan ve bundan derin bir şekilde etkilenen kurumların başında aileler gelmektedir. Aile kurumlarının sarsıldığı toplumda ise, birçok problem kendini gösterir.

Aile kavramı, önce Batı ülkelerinde hızla erozyona uğradı ve toplumun yarısına yakınını boşanmış aile fertleri oluşturmaya başladı. Maalesef bu boşanma furyası, başta ülkemiz olmak üzere, birçok toplumu etkiledi.

Kutsal, sıcak ve saygın bir yuva olan aile kurumunu yeniden canlandırmak için bütün ülkeler kendi çapında çalışmalara başlamışlardır. Ancak, ülkemizde her yıl boşanma oranı artmaya devam etmektedir. Boşanma sürdüğü müddetçe de, dağılan aile fertleri, toplumda problem olmaya ve mutsuz bir hayat sürdürmeye devam etmektedirler.

Ailelerin dağılmasıyla, aile bireylerini ne gibi problemler beklemektedir. Bu problemlerin üstesinden nasıl gelinebilir?

A- Boşanma, Anne ve Babayı Nasıl Etkiler?

Boşanmış anne ve baba, sanıldığı gibi bir problemden kurtulamazlar, daha büyük problemleri yeni yaşamaya başlarlar. Çünkü, ayrılık sonrası döneminde kadın ve erkek bunalım sürecine girer. Bu süreçte yaşanılanlar, gerçeği reddetme, kendini insanlardan ayırma, öfke, kaybedilenleri geri almak için pazarzarlık, depresyon ve en son olarak gerçekleri kabul edip uyum sağlamak gibi evreleri içerir. Ayrılık sonrasında taraflar tıpkı ergenlik dönemindekine benzer bir kimlik bulma sorunu ile karşı karşıya kalırlar. Ayrı yaşama geçildiğinde kaybedilen sadece bir eş değil, aynı zamanda bir yaşam biçimi ve kimliktir. Eşinden ayrılan birçok insan gelecekten ve yalnız kalmaktan korkmak, kim olduğunu ve ne olacağını bilememek gibi kaygılar yaşar. Başarısızlık duyguları, gelecekle ilgili beklentilerin gerçekleşemeyeceği inancı, mutlu beraberliklere imrenmeye, karamsarlığa ve benlik saygısının azalmasına yol açabilir.

Eşinden ayrılmış kimseler, kişisel, meslekî ve sosyal alanda kendini yeniden tanımlama gereği duyacak ve eski evli kimliği ile yeni rolleri bütünleştirmeye çalışacaktır. Eski kimlik ve deneyimleri ile yeni amaçlarını bütünleyebilen insan yeni bir kimlik sentezine varacaktır. Kuşkusuz krizin yoğunluğu, bireylerin boşanmaya yüklediği anlama ve maddî kaynaklarına göre değişir.

Bu yönde yapılan çalışmalarda, boşanmaya çok çabuk karar verildiği, bazen boşanmayı gerektirmeyen bir nedenle boşanıldığı, küçük problemlerden kurtulmak için bir ailenin dağılmasına göz yumulduğu, ancak boşandıktan sonra daha büyük huzursuzluklar ve problemler yaşandığı ortaya çıkmıştır. (Erbil, 1997: 86)

Aile kurumu oluşturulurken çok ciddiye alınmaması ve çabuk karar verilmesi yüzünden önemli problemler doğduğu da bilinmektedir.

Toplumda boşanma sebeplerine bakıldığında genellikle şu nedenler ön plâna çıkar: (Bilgiseven, 1989: 91)

1) Birbirini yeteri kadar tanıyamama.

2) Ekonomik yetersizlik.

3) Moral değerlerinin yetersizliği.

4) Yeterli bir işin bulunmaması.

5) Ebeveyn ve dışarıdaki ailelerin müdahalesi.

6) Çocuk sahibi olamama.

7) Farklı namus anlayışı.

8) Hayat ve davranış biçimi, fikir ve görüşleri.

Aile kurumunun kutsallığı, saygınlığı ve önemi yeniden canlandırılmalı, güçlendirilmeli ve korunmalıdır. Bireyler aile kurma hazırlığını geçici hayaller üzerine değil, kalıcı kurallar üzerine yapmalıdır.

Ailenin devamı ve düzeni için, moral değerlerin ve inanç kavramının büyük rol oynadığı görülmüştür.

B- Boşanmış Ailelerde Çocukların Problemleri

Boşanmış ve dağılmış ailelerin en büyük problemlerini çocuklar çekmektedir. Anne babayı ve sıcak bir aile yuvasını kaybetmenin acısını ve yükünü çoğu zaman taşır ve büyük problemler yaşamaya başlar. Çünkü; aile, çocuğun gerek kişiliğinin gelişimi gerekse ruh ve beden sağlığı açısından büyük bir önem taşır. Çocuğun sağlıklı aile ilişkilerinden mahrum kalması, onun duygusal gelişimini etkilediği gibi, bedensel ve zihinsel gelişimine de olumsuz etkide bulunur. Anne ya da babadan birinin kaybı veya ayrılıkları demek olan dağılmış aile ortamı, bebeklik döneminde gerçekleşirse, anne-çocuk arasındaki duygusal ilişkileri azalttığından, bebeğin duygusal besiyi yeterince alamaması, onun büyüme ve gelişimini geciktirip engelleyebilir. Bunun yanı sıra, dağılmış aile şartları çocuğun oturmak, ayakta durmak gibi gelişimiyle dil gelişimini geciktirebilir ve bazı konuşma bozuklukları görülebilir. Ayrıca, zihinsel gelişim gecikir. Dikkatin bir konuya toplanması konusunda uğranılan güçlük, çocuğun öğrenmesini ve akıl yürütmesini etkiler.

Diğer insanlarla başarılı ilişkiler kuramaması sonucu, sosyal gelişmede gecikme ve olumsuz davranışlar görülebilir. Bunun sonucu meydana gelen sosyal tepkiler, bireyin kişiliğini etkiler ve içe dönük, bencil bir kişilik oluşturur.

İlk üç yıl içinde anne ile olan ilişkilerin çeşitli sebeplerle engellenmesi, çocuğun kişiliğinde karakteristik bir yapının oluşumuna sebep olur. Bu durumda çocukların çoğunun duygusal açıdan kendi içlerine çekildikleri ve kendi dünyalarında yaşamlarını sürdürmeyi yeğledikleri dikkati çeker. Diğer çocuk ve erişkinlerle ilgili olarak, sevgi bağlarını geliştirememeleri sonucu toplumsal ilişkilerin de giderek zayıfladığı görülür.

Anne ve babasının ayrılması sonucu kekeme olan, altını ıslatan, sınıf içinde uyumsuz ve başarısız olan çocuk örneklerimiz ne yazık ki çok sayıdadır. Anne ve babanın ikinci evliliklerini yapmaları sonucu, çoğunlukla büyük anne ve büyük babalarının yanında büyümek zorunda kalan bu çocuklarda çeşitli uyum ve davranış bozukluklarına rastlanmaktadır. Babasının ikinci evliliğini yapmasına rağmen, hâlâ bu gerçeği kabullenemeyip, kendi annesiyle yeniden evleneceğini hayal eden ya da **"Annem yeniden başkasıyla evlenemez, evlenmeye kalkarsa polise şikâyet ederim!"** diyen çocuk örnekleri, bu huzursuzlukları açık bir şekilde ortaya koymaktadır.

Anne ve babalar, öncelikle çocuklarının geleceklerini ve eğitimlerini plânladıktan sonra, çocuk sahibi olmayı düşünmelidirler. Bilmelidirler ki, oturmamış bir evliliğin ardından, plânlanmadan dünyaya getirilen bir çocuk, beraberinde birtakım uyum ve davranış bozukluklarını da getirecek ve bundan en çok zarar gören de çocuk olacaktır.

Bazen eşlerden biri yanlış olduğunu bile bile ötekini kötüleyerek, kendini haklı çıkarmaya, çocuğu kazanmaya çalışır.

Kimi zaman anneler, çocuklarını babaya göstermeyerek öç almaya çalışırlar. Bundan, çocuğun etkileneceğini düşünmezler. ler. Bazı durumlarda da baba, eşinin yanı sıra çocuklarıyla da bağlantıyı keserek, onları uzun süre ya da hiçbir zaman görmek istemez.

Ebeveyn arasındaki rekabet, zamanla çocuğu sevme yarışına dönüşür ve ayrı eşler, çocuğu şımartma derecesinde hoş tutarak, daha iyi anne ve baba olduklarını kanıtlamaya çalışırlar.

İşte bütün bu çekişme ve gerilim ortamında, zaman zaman anne ve babasının çatışmasına hakem olmak zorunda bırakılan çocukta tedirginlik başlar. Önceleri kimsenin kendisini sevmediği ve düşünmediği duygusuna kapılır. Ardından anne ve babanın onu sevmedikleri için ayrılmaya kalktıklarını düşünür ve kendini suçlamaya başlar.

Annesinin ilgisini çekmek için yaramazlık, aşırı hareketlilik ya da aslı olmayan bedensel şikâyetler görülmeye başlar. Ana babadan ayrı yaşamanın ayıp bir olay olduğu düşüncesiyle ya arkadaşlarından saklar ya da yalan söyleyerek anne ve babasıyla sürekli birlikte olduğunu anlatmaya çalışır. Dağılmış aile ortamında çocuk, ancak resimlerinde kendi iç dünyasını mükemmel bir şekilde ortaya koyar. Aile resmi yaparken çocuğa sarılmış anne ve babayı resmeder, anne ve babasının ayrılığını reddederek resminde: **"Anneciğim, babacığım; sizleri özledim, yanıma gelin!"** der. Ya da ana babasını tümüyle inkâr ederek, büyük annesiyle bir güneşi aile resmi olarak çizer veya yüzü ve organları çizilmemiş bir insan resminin ana babası olduğunu söyler. Ayrı kaldığı anne veya babasıyla aynı çatıyı, aynı pencereyi paylaştığı resimler yapar. Bütün bunları yaparken, iç dünyasındaki çatışmaları ifade eder ve var olanı gerçek dışıymış gibi göstermeye çalışarak, kaçma yolunu dener.

Sonuç olarak; ister huysuzluk, saldırganlık ve hırçınlık biçiminde olsun, isterse alt ıslatma, okul başarısızlığı, dışkı kaçırma türünde olsun, her boşanma, çocukta birtakım uyum ve davranış bozukluklarına sebep olmakta ve onu belli ölçüde zedelemektedir. Bunun en aza indirilmesi, anne ve babanın yanlış tutumlardan kaçınmalarıyla mümkündür. (Yavuzer, 1999: 52-54)

C- Çocukların Problemlerini Hafifletici Öneriler

Anne babalar, boşanma sonrası çocukların problemlerini bir derece hafifletmek için, şu önerilere dikkat etmelidirler:

1) Her iki taraf çocuklarıyla düzenli ve sıcak ilişkilerini sürdürmelidir.

2) Çocuğu, şahit tutmaya, hakem olmaya, birisini savunup öbürünü kötülemeye mecbur etmemelidir.

3) Ayrılığı izleyen birinci yılın "**duygusal şok**" yılı olması nedeniyle bu dönemde çocuğun stresleriyle başa çıkmasında ona yardımcı olunmalı, onu zorlayacak ek yükten kaçınılmalıdır. Bu amaçla, ayrılığın ardından yasal olsun ya da olmasın, çocuğun yaşamına başka bir kadın veya erkek ortak getirilmemelidir. Baba veya anne, ikinci evliliğini bu kritik yılın ardından gerçekleştirmelidir.

4) Boşanma, bazı arkadaşlarıyla çocuğun daha az anlaştığı örneğinden hareketle, basit bir dille, her iki ebeveyn tarafından çocuğa anlatılmalı, ayrı mekânlarda sürekli ve devamlı olarak diğer ebeveyni görebileceği güvencesi vurgulanmalıdır. Buna ek olarak, boşanma olayında çocuğun suçu olmadığı, bunun anne baba arasındaki ilişki sorunundan kaynaklandığı söylenmelidir. (Yavuzer, 1995: 84)

5) Çocuğa moral değerler kazandırılmalı, problemlerin ve sıkıntıların giderilmesinde Allah inancı ve "kader" olgusu verilmelidir.

Cinsellik Eğitiminde Yapılması Gerekenler

Cinsellik eğitimi tabiî ki gereklidir. Ancak, belli bir kural, ölçü ve edep çizgilerini taşarsa, insana olan saygı zedelenir, "mahremiyetin kutsallığı" ortadan kalkar.

Psikolog James NİGUEL

A- Cinsel Hayatın Önemi

Toplumumuzda cinsellikle ilgili farklı yaklaşımlar vardır. İnsanın cinsel yaşamını gözler önüne sermek isteyen görüşten tutun da, cinsellik eğitimini gereksiz gören anlayışa kadar, çok çeşitli eğilimler mevcuttur.

Psikolog James Niguel'in çok özlü bir şekilde ifade ettiği cinsellikle ilgili görüşünden de (Niguel, 1996: 44) anlaşıldığı gibi, cinsel eğitim bir ihtiyaçtır. Ancak bu eğitimin belirlenmiş kuralları, ölçüsü ve ahlâk anlayışı olmazsa çok daha olumsuz sonuçlara yol açacaktır. Çünkü cinsellik eğitimi, insana olan saygıyı, özel yaşamı ve mahremiyet duygularını asla zedelememeli, tam tersine cinsel hayata olan özeni ve saygıyı artırmalıdır. (Niguel, 1996: 51)

B- Cinsel Eğitimde Karşılaşılan Problemler

Çocuk eğitiminde, cinsel eğitimin çok önemli bir yeri vardır. Eğer çocuk, doğum, cinsiyet farkı, anne ve babanın rolü gibi konuları anne ve babasından öğrenemezse, başka kaynaklardan cevaplar aramaya başlayacaktır. O zaman sonuç, hiç de istendiği gibi olmayabilir. Çocuğun meraklarını yetkili bir kişi karşılamazsa, ortaya çıkacak sorunları kendisini aşabilir

Günümüzde ana baba, çoğunlukla, yeteri kadar cinsel eğitimin önemini kavrayamamıştır. Çocuğun normal gelişmesine, karşıt cinse sonraki intibakına ve gerçek mutluluğa bu eğitimin etki edeceğinden haberdar değildirler.

Her ana baba çocuğun davranışını anlamak için bilgiye ve anlayışa muhtaçtır. Şunu kabul edelim ki; çocuklarımıza rehberlik etmekte ne kadar bilgili ve anlayışlı olursak, onların gelecekteki intibak ve mutluluklarını o kadar güven altına almış oluruz.

Sonuç olarak; ana baba, bu güç konu hakkında güvenilir, uzman kişilerce yazılmış eserleri okumalı ve tatbikata koymalıdır.

C- Cinsellikle İlgili Bazı Sorular

Çocuklar tarafından çok sık sorulan ve ailelerce de cevaplandırılmakta güçlük çekilen ve bazen de cevaplandırılmayan sorular vardır.

Çocuk etrafını ve kendini tanımaya başlayınca, birçok şey kendisi için bir bilinmezdir. Bu bilinmezlerin cevaplandırılması ve açığa kavuşturulması gerekmektedir.

Üç yaşından beş yaşına kadar, çocuk, cinsiyet hayatının ilk açılıp serpilmesine eriştiği bu dönemde, araştırma ve bilme dürtüsünden doğan etkinlikle kendi bedenindeki organları da keşfeder. (Freud, 1981: 69)

Çocuğun cinsel konulardaki merakı, öteki meraklar gibi yerinde ve sağlıklıdır; bu dünyayı tanıma ihtiyacından doğmaktadır. Aslında sağlıksız merak yoktur. Ancak merakın sağlıksız doyumu vardır. Bu, ana babanın pek de doğal ve açık yürekli olmayan davranışıyla benimsettiği gereksiz gözleyişlerin doğurduğu doyumdur. Kınanan merak, saplantı durumunu gelir. (Yavuzer, 1987: 125)

Küçük bir bebek nereden gelir? Çocuk üç dört yaşlarında nereden geldiğini merak eder.

"Bebek nereden dünyaya gelir?"

"Niçin erkekler çocuk doğurmazlar?"

"Neden büyüklerin bedenlerinde kıllar vardır?"

"Neden kadınların memesi var?"

"Benim de çocuğum olacak mı?"

"Bebek annenin içine nasıl girer?"

"Ana babanın hücreleri nasıl birleşir?"

"Annemin karnı neden büyüyor?" (Yörükoğlu, 1988: 179)

Yukarıdaki bütün sorulara muhatap olan anne veya babadan herhangi birinin hiç çekinmeden gayet açık ve gerçekçi bir şekilde çocuğun anlayacağı bir dille cevap vermesi en doğrusudur.

Anne babanın, bu tür sorularla karşılaşacaklarını düşünerek bu konuda bilgilenmeleri, hem kendileri hem de çocukların ruh sağlığı bakımından son derece önemlidir.

Çocuk, 3-4 yaşlarında "nereden geldiğini" merak eder. Bu, kendi varlığından giderek daha çok haberli olmasından ve aile içindeki yerinin ne olduğuna karşı duyduğu ilgiden ileri gelmektedir. Veya yeni bir kardeşin gelmekte olduğunu ya da doğduğunu görerek sorar. Çocuğa şöyle cevap verilebilir:

"Annelerin karnında bebeklerin büyümesi ve beslenmesi için rahim denen özel bir yer vardır. Bebek doğana kadar orada durur. Yani dış dünyada yaşayabilecek kadar büyüdüğü zaman çocuk doğar."

Çocuk başka sorular da sorabilir. "Niçin erkekler doğurmaz?" Erkeklerin çocuk doğurma görevlerinin olmadığı bu görevi annelerin yaptığı anlatılmalıdır.

"Neden kadınların memesi var?"

"Memeler, bebekleri besleyen sütü yaparlar. Birçok anne, mini bebekler fincandan süt içmeyi öğreninceye kadar onlara meme verirler."

"Küçük kızların büyüyünce memeleri olur, ama erkek çocukların büyüyünce memeleri olmaz."

"Benim de çocuğum olacak mı?"

Bu soruya: "Büyüyünce evleneceksin ve çocukların olacak." diye cevap vermek uygun olur. (Kaya, 1998: 131)

Sonuç ve Öneriler

"Ailede ve Okulda Çocuk Eğitimi" adıyla yapılan bu çalışmada, çocuk eğitiminin aile ve okul boyutu ele alınmış ve bilimsel temelleri incelenmiştir. Özellikle de, çocuk eğitiminde anne baba ve öğretmen üçlüsünün yapması gerekli çalışmaların gereği ve önemi üzerinde durulmuştur.

Yapılan bu çalışmada ortaya çıkan sonuç ve önerileri şöyle sıralamak mümkündür:

1) Anne babalar, çocuk eğitimi için, kendilerini bilgi, birikim ve deneyim açısından hazırlamalıdırlar.

2) Çocuğun dengeli bir kişilik kazanması, arkadaşları ve çevresiyle uyumlu bir hâle gelmesi sağlıklı bir aile ortamı ile mümkündür.

3) Anne baba ve öğretmenler, kendilerini model alan çocuklara karşı davranışlarını kontrol etmeli, onlar örnek tavırlar sergilemelidir.

4) Çocukları baskı altına almadan ve sıkmadan denetlemeli, yanlış davranışlarında ise kırmadan ikaz etmelidir.

5) Eğitim deneyimi alan uzman kişilerden ve çocuğun öğretmeninden sık sık bilgi alınmalı ve çocuğa karşı tutumlar buna göre yapılmalıdır.

6) Çocuğun gelişimi, çocuk psikolojisi, eğitim metotları, anne ve baba davranışları gibi konularda araştırma yapılmalı, bu konudaki eksiklikler tamamlanmalıdır.

7) Çocuğun iyi yetişmesi için yakın ve uzak çevrenin elden geldiği kadar iyi düzenlenmesi gerekir. Burada en büyük görev anne babaya düşmektedir.

8) Çocuk, gördüğü her şeyi taklitle işe başlar. Gördüklerini duyduklarını iyi kötü ayrımı yapmadan, süzgeçten geçirmeden taklit eder. Taklit ettiği ilk insanlar da anne baba ve evdeki diğer yakınlarıdır. Bu sebeple bu devrede çocuğa bir şeyler anlatmaktan ziyade güzel örnek olmak, iyi davranışlar göstermek gerekir.

9) Dünyanın her yerinde çocuklar birbirine benzer. Fakat anne ve babaları, yakınları, çevrenin kültürel farklılıkları onları birbirinden ayırır.

10) Çocuklar, doğdukları ve yetiştikleri çevreye göre farklı örf âdet, inanış, giyim kuşam, iyi kötü, doğru yanlış, güzel çirkin gibi değer yargılarına sahip olurlar.

11) Çocuklarla ilişkilerde tutarlı davranışların çok önemi vardır. Argo kelimeler, kötü ve küfür dolu sözler, hem çocuğun karakter gelişimini etkiler, hem de sizi çocuk gözünde zedeler. Bu tür davranışlardan kaçınılmalıdır.

12) Çocuklara nezaket, saygı, ahlâk, sevgi, yardım ve dostluk kavramları anlatılmalı ve kavratılmalıdır.

13) Kardeşler arasında asla ayrımcılık yapılmamalı ve hiçbir çocuk göz ardı edilmemelidir.

14) Çocuklara moral değerler, millî duygular, ideal ve amaçlar kazandırılmalı ve onlara önemli hedefler gösterilmelidir.

15) Çocuğa, kendisine yeterli olacak bilgi ve güven kazandırılmalıdır.

16) Çocuğun yeteneklerini körelten, onu korkak ve çekingen olmaya zorlayan aşırı korumacılıktan kaçınılmalıdır.

17) Çocuklara, zaman yönetimi, plânlama, sorumluluk ve tek-

nolojiyi kullanma gibi unsurların önemi kavratılmalı ve bu yönyönden teşvikçi olunmalıdır.

18) Çocuk yetiştirme, bir ailenin en büyük işi ve çabası olmalıdır. Çocuk yetiştirme asla sıradan bir uğraş veya en son gelen bir çaba olarak görülmemelidir.

Özet olarak; çocuk yetiştirme ve eğitme konusu, bilim, teknoloji, bilgi ve birikimle yürütülmeli, uzman kişilerle işbirliği yapılmalı, sonuçları sık sık değerlendirilerek eksik ve yetersiz konular telâfi edilmelidir. Yoksa yapılan her yanlış, çocukta davranış bozukluğuna yol açar.

Faydalanılan Kaynaklar

Ağca, Hüseyin. **Ailede Eğitim,** TDV Yay. Ankara 1993

Akyüz, Yahya. **Türkiye'de Öğretmenlerin Toplumsal Değişmedeki Etkileri,** Ankara 1978

Alıcıgüzel, İzzettin, **İlk ve Orta Dereceli Okullarda Öğretim,** İnkılâp ve Aka Kitabevi, İst. 1986

Alkan, Cevat. **Eğitim Teknolojisi,** Aşama Matbaası, Ankara 1981

Apuhan, Recep, **Başarı Yolunda 40 Altın Kural,** Timaş, İst. 1997

Arı, Ramazan ve diğerleri. **Gelişme ve Öğrenme Psikolojisi,** Mikro, Konya 1997

Arık, Hikmet. **İnsan Bilgisayarı,** İst. 1999

Ay, M. Emin. **Çocuklarımıza Allah'ı Nasıl Anlatalım?,** Timaş, İst. 1999

Aydın, Pınar. Akşam Gazetesi, 20 Şubat 1999

Ayhan, Hâlis, **Temel Eğitimde Din Eğitimi** (Tebliğ), Aydınlar Ocağı, Ankara 1981

Aytuna, H. Ahmet. **Orta Dereceli Okullarda Öğretmenlik ve Problemleri,** İst. 1994

Baltaş, Acar. **Ana Baba El Kitabı,** Remzi Yay. İst. 1998

Baltaş, Acar. **Ana Baba Okulu,** Remzi Kitabevi, İst. 1998

Baltaş, Acar. **Üstün Başarı,** Remzi Kitabevi, İst. 1990

Baltaş, Acar. **Üstün Başarı,** Remzi Kitabevi, İst. 1999

Baltaş, Z. ve Baltaş, A. **Bedenin Dili,** Remzi Kitabevi, İst. 1992

Başaran, İ. Ethem. **Eğitim Psikolojisi,** Ankara, 1984

Başaran, İ. Ethem. **Eğitim Psikolojisi,** Ankara, 1998

Başkurt, İrfan. **Federal Almanya'da Din Eğitimi,** İst. 1995

Baymur, Feriha. **Genel Psikoloji,** İst. 1984

Bayraktar, Bayraklı. **İslâm'da Eğitim,** MÜİF Yay., İst. 1989

Bayraktar, Bayraklı. **İslâm'da Eğitim**, TDV Yay. İst. 1980
Bayraktar, M. Faruk. **İslâm Eğitiminde Öğrenci Öğretmen Münasebetleri**, İst. 1984
Berge, Andre. **Çocuğun Cinsel Eğitimi,** Çev. N. Müren, İst. 1962
Bilen, Mürüvvet. **Başarılı Öğretim İçin Teknikler,** Ankara 1982
Bilen, Mürüvvet. **Plândan Uygulamaya Öğretim,** Ankara 1996
Bilen, Mürüvvet. **Sağlıklı İnsan İlişkileri**, Sistem Ofset, Ankara 1995
Bilgen, Nihat. **Çağdaş ve Demokratik Eğitim**, MEB, Ankara 1994
Bilgiseven, A. Kurtkan. **Eğitim Yolu ile Kalkınmanın Esasları,** Divan Yay. İst. 1982
Bilgiseven, A. Kurtkan. **İslâmiyet'in Kültürel Özellikleri ve İslâmî Kavramlar,** Filiz Kitabevi. İst. 1989
Bilgiseven, A. Kurtkan. **Millî Eğitim Stratejimiz Nasıl Olmalıdır?,** T.D. Arşt. Vakfı Yay., İst. 1990
Bloom, B. **İnsanın Nitelikleri ve Okulda Öğrenme**, Çev. D.A. Özçelik, MEB, Ankara 1979
Çakıcı, Kemal. **100 Soruda Çocuk ve Aile,** Seha Yay. İst 1991
Canan, İbrahim. **Çocuk Eğitimi,** Nesil Basım Yayın, İst. 2000
Canan, İbrahim. **Çocuk Terbiyesi,** Cihan Yay, İst. 1993
Canan, İbrahim. **Çocuk Terbiyesi,** Cihan Yay., İst. 1988
Çankırılı, Ali. **Bebeğimi Büyütüyorum,** Timaş, İst. 1998
Carnegie, Dale. **Söz Söyleme ve İş Başarma Sanatı,** Timaş, İst. 1997
Carrel, Alexis. **İnsan Denen Meçhul,** Timaş, Çev., R. Özedek, İst. 1997
Çelikkanat, Abdullah. **Başarının 100 Kuralı,** Nesil Basım Yayın, İst. 1999
Cordon, Thomas. **Etkili Öğretmenlik Eğitimi**, Çev. E. Aksay, Sistem Yay., İst. 1996
Cüceloğlu, Doğan. **İçimizdeki Çocuk,** Remzi Kitabevi, İst. 1999

Cüceloğlu, Doğan. **Yetişkin Çocuklar,** Sistem Yayıncılık, İst. 1994

Cüceloğlu, Doğan. **İnsan İnsana,** Altın Kitaplar, İst. 1987

E.B.F. Der. C. 16, Sayı 1, Ankara 1983

Eldemir, İzzet. **İnsan Vücudu,** İst. 1999

Elmacıoğlu, Tuncer. **Başarıda Aile Faktörü,** Hayat, İst. 1998

Erbil, Murat. **Aile ve Çocuk,** Kalem Matbaası, İst. 1997

Erdil, Kemalettin. **Aile Okulu,** TDV Yay. Ankara 1991

Eren, Şadi. **Güzel Konuşmanın Sırları,** Nesil Basım Yayın, İst. 1997

Ergin, Muharrem. **Türkiye'nin Bugünkü Meseleleri,** Ayyıldız Matbaası, Ankara 1981

Erkal, Mustafa. **İktisadî Kalkınmanın Kültür Temelleri,** Yenilik Basımevi, İst. 1991

Erkal, Mustafa. **Sosyoloji,** Filiz Yayınevi, İst. 1987

Eröz, Mehmet. **İktisat Sosyolojisine Başlangıç,** İst. 1997

Ertuğrul, Halit. **Azınlık ve Yabancı Okulları ve Türk Toplumuna Etkisi,** Nesil Basım Yayın, 1997

Ertuğrul, Halit. **Öğrencinin Başarı Kılavuzu,** Nesil Basım Yayın, İst. 2000

Ertuğrul, Halit. **Öğretmenin Başarı Kılavuzu,** Nesil Basım Yayın, İst. 2000

Ertuğrul, Halit. **Türk Eğitim Sistemi ve Problemleri,** Ankara, 1993

Ertürk, Selâhattin. **Eğitimde Program Geliştirme,** Ankara, 1984

Karma eser. **Cumhuriyet Döneminde Eğitim,** MEB Yay., İst. 1983

Fidan, Nurettin. **Okulda Öğrenme ve Öğretme,** Kadıoğlu, Matbaası, Ankara 1986

Freud, Sigmund. **Cinsiyet Üzerine,** Çev. A. Öndeş, Kardeşler Basımevi, İst. 1981

Gökmen, İsa. **İnsan Denen Canlı,** Eser Matbaası, İst. 1998

Güngör, Erol. **Türk Kültürü ve Milliyetçiliği,** Ötüken Yay., İst. 1975

Hızal, Alişan. **Eğitim Ortamının Düzenlenmesi Gereği,** Anadolu Ü. Yay., Eskişehir, 1991

Kabaklı, Ahmet. **Manevî Sömürgecilik ve Kültür Emperyalizmi,** Toker Yay., İst. 1973

Kasapoğlu, Abdurrahman. **Kur'an'da İnsan Psikolojisi,** Yayılın Kurt, İst. 1997

Kaya, Nihat. **Depresyon Panik ve Takıntılarımız,** Nesil Basım Yayın, İst. 1999

Kaya, Nihat. **Eyvah Çocuğum Büyüdü,** Nesil Basım Yayın, İst. 1998

Kaya, Y. Kemal. **İnsan Yetiştirme Düzenimiz,** Nüve Matbaası, Ankara, 1997

Kayhan, Selçuk. **Vücut Sistemi,** İst. 1998

Keyes Jr., Ken. **Yüksek Bilinç Kılavuzu,** Çev. B. Çetinkaya, Akaşa Yay, İst. 1991

Kim, H. Sung. **Motive,** Timaş, İst. 1998

Kırkıncı, Mehmed. **Nasıl Bir Maarif?,** Timaş, İst. 1997

Koçer, H. Ali. **Türkiye'de Modern Eğitimin Doğuşu ve Gelişimi,** Ankara 1974

Korkmaz, H. Hüseyin. **Çocuğumu Nasıl Yetiştireyim?** Nesil Basım Yayın, İst. 1998

Küçükahmet, Leylâ. **Öğretim İlke ve Yöntemleri,** AÜ EBF Yay., Ankara 1985

Nierenberg, Gerard. **Uzman Sizsiniz,** Çev. M. Rüzgâr, Timaş, İst. 1997

Niguel, James. **Cinsel Hayat,** Çev. Ö. Yalçın, İst. 1996

Nurbaki, Hâluk. **Yaradılış Mucizesi,** İst. 1990

Nursî, B. Said. **Lem'alar,** Sözler Yayınevi, İst. 1976

Özakpınar, Yılmaz. **Öğretmen Yetiştirmede Yüksek Öğretim Kurumlarının Dünü Bugünü Geleceği,** Sempozyum, Gazi Ün., Ankara, 1987

Özbaydar, Belma. **Din ve Tanrı İnancı,** İst. 1970

Özdemir, S. Yalın, H. İ. **Her Yönüyle Öğretmenlik Mesleği,** Nobel, Ankara 1998

Özden, Yüksel. **Öğrenme ve Öğretme,** Pegem, Ankara 1997

Özyazıcı, Alpaslan. **Hücreden İnsana,** Yeni Asya Yay., İst. 1979

Ponarlı, Osman. **Din Psikolojisi,** Ankara1972

Russel, Bertrand. **Evlilik ve Ahlâk,** Çev. E. Gürel, İst. 1977

Sait Hâlim Paşa. **Buhranlarımız,** Hz. E. Düzdağ, İst. 1976

Sands, Margaret ve diğerleri. **Okullarda Uygulama Çalışmaları,** Ankara 1997

Sekman, Mü'min. **Yol Aç,** Timaş, İst. 1977

Şener, Nuran. **Çocuk Eğitim Rehberi,** Toker Yay. İst. 1998

Şener, Sami. **Sosyoloji,** Deha Yay., Sakarya. 1994

Sert, Yılmaz. **Osmanlı'da Eğitim Kurumları,** Ankara, 1995

Sevinçgül, Ömer. **Güzel Konuşma ve Yazma Sanatı,** Zafer Yay., İst. 1989

Sezgin, Osman. **Üçüncü Neslin Eğitimi,** TDV Yay., Ankara 1991

Şimşek, Ümit. **Araştırma Teknikleri,** Nesil Basım Yayın, İst. 1996

Songar, Ayhan. **Beynimiz ve Sinirlerimiz,** Yeni Asya Yay., İst. 1979

Songar, Ayhan. **Sibernetik,** Yeni Asya Yay., İst. 1978

Sönmez, Veysel. **Öğretmenin El Kitabı,** Ankara, 1993

Tezcan, Mahmut. **Eğitim Sosyolojisi,** Feryal Matbaası, Ankara 1996

Türkdoğan, Adil ve diğerleri. **Ders Çalışma Becerileri,** Baki Kitabevi, Adana 1996

Türkdoğan, Orhan. **Değişme Kültür ve Sosyal Çözülme,** TDA Vakfı Yay., İst. 1988

Türkkan, O. Reha. **Kolay ve İyi Öğrenme Teknikleri,** Alfa, İst. 1997

Ülgen, H. Ziya. **Terbiye,** Yeni Yol Dergisi, Sayı 6, Syf. 5, İst. 1964

Uluğ, Fevzi. **Okulda Başarı,** Remzi Kitabevi, İst. 1997

Ünal, İbrahim. **Kitap Tiryakiliği,** Sim Yay., Ankara 1999

Uşşak, Cemal. **Başarının Yolları,** Nesil Basım Yayın, İst. 1999

Varış, Fatma. **Eğitim Bilimine Giriş,** Ankara Ün. Eğt. Fak. Yay. Ankara, 1988

Vergote, A. **Çocukta Din,** Çev. E. Fırat, AÜ LFD, Ankara 1988

Woolfolk, A.E. **Educational Psychology,** For Teacher. USA Prentice Holl İnc. Cliffs, New

Yakut, Ahmet. **Hangi Yaşta Hangi Eğitim?,** Gençlik Yay., İst. 1997

Yardım, Ali. **Eğitim ve Öğretim Tarihi,** Damla Yay., İst. 1976

Yavuz, Kerim. **Çocukta Dinî Duygu ve Düşüncenin Gelişimi,** Ankara 1983

Yavuzer, Hâluk. **Çocuğunuzun İlk Altı Yılı,** Remzi Kitabevi, İst. 1999

Yavuzer, Halûk. **Çocuk Eğitimi El Kitabı,** Remzi Kitabevi, İst. 1995

Yazır, A. Hamdi. **Hak Dini Kur'ân Dili,** İst. 1998

Yeğin, Münip. **Atomdan Hücreye,** Yeni Asya Yay., İst. 1980

Yıldırım, Aslıhan. **Kitap Okuma Eğitimi,** İst. 1998

Yılmaz, Abdullah. **İslâm'ın Psikolojik Gücü,** Ankara 1997

Yılmaz, Mustafa. **Öğretmenlik Mesleği ve Meseleleri,** TMK Vak. Yay., İst. 1972

Yörük, Hilmi. **İnsan ve Psikoloji,** Ankara, 1998

Yörükoğlu, Atalay. **Çocuk Ruh Sağlığı,** İst. 1997

Yüksel, Ekrem. **Çocuk Eğitiminde Oyun ve Oyuncaklar,** İst. 1997

Yüter, Ahmet. **Çocuk Yetiştirmede Altın Kurallar,** Türdav, İst. 1999

ÖĞRETMENİN BAŞARI KILAVUZU

Halit Ertuğrul

208 sayfa

NESİL

(0212) 551 32 25
www.nesilyayinlari.com

İlkokul öğretmenliğinden, Milli Eğitim Bakanlığı Müşavirliğine kadar, eğitimin birçok kademesinde, yirmi yılı aşkın bir süredir görev yapmış bir eğitimcinin, bilgi, birikim ve tecrübelerini konu etmektedir.

Göreve başlayan her öğretmen, bilgiyi kullanmanın, uygulamanın, pratiğin ve tecrübenin başarı için ne kadar önemli bir etken olduğunu çok iyi bilir.

Bu çalışmada, bir öğretmenin başarılı olması konusunda önemli tespitler, tecrübeler ve pratikler yer almıştır.

- Kişisel eksiklikler en kısa sürede tamamlanmalıdır.
- Bir öğretmende bulunması gereken temel yeterliliklere sahip olunmalıdır.
- Güzel ve etkili konuşma metotları uygulanmalıdır.
- Okul yönetimi ve öğretmenlerle seviyeli ilişkiler kurulmalıdır.
- Öğrencilerle iyi ilişkiler kurma yolları bilinmelidir.